U0012076

The
Legend of the Monk
and the Merchant
twelve keys to successful living

修道士與商人的傳奇故事

經商中的每件事都是神聖之事

特里．費爾伯
（Terry Felber）／著
王瑞生／譯

目錄

序言

現今，談及經商者的成功之路時，我發現在北美洲的基督教信仰者中，普遍存在著兩種極端錯誤傾向。第一種錯誤是：財富就是罪惡。也就是說，即使一個人通過拚命工作，積累了些個人財富，他在某種程度上也是罪惡的。至於他是通過什麼方式積累財富的、他用自己的財富做了哪些事都不予考慮。他們只認爲：從道義上講，富有就是錯誤的，不管你的財富是個人經商賺來的，還是繼承家族財產得來的。

第二種錯誤是：財富在某種程度上代表著上帝的護祐與偏愛。也就是說：上帝想讓他所有的孩子都成爲有錢人，如果你仍然很貧窮，是因爲你對上帝不夠忠誠。我堅信，這兩種觀點非但不正確，而且對基督徒的商業觀也極其有害。

上述觀點其實和《聖經》毫無關係，只不過是關乎富的一些假設，而這樣的假設在《聖經》中根本就找不到出處。事實上，我認爲這兩種觀點和某個異教的信仰有關係，因爲這些人認爲擁有物質財富，本身就是一種罪惡，但不曾從《聖經》中看到過這樣的話。我經常會讀到一些談及人們對財富的情感、行爲和信仰的經文，而不是談及擁有財富這件事。

從《聖經》的角度來看，財富和經商成功這兩件事都不屬於道德範疇——沒有道德不道德之說，它們僅僅是被人們利用的工具。因此，我可以用我的財富行惡，也可以用我的財富揚善。問題不在金錢本身，而是我選擇用金錢做了些什麼。

做爲一家企業的老闆，尤其是一家知名企業的老闆，這種討論對於我來說，意義非凡。個人一直認爲，就像鮑勃·布賴納（Bob Briner）在其《吼叫的綿羊》（*Roaring Lambs*）一書中所討論的，基督徒在商業界也承擔著一份責任。爲了耶穌，我們應該主動承擔起商業界的那份責任，而不是將其拱手讓給他人。我們不能把教堂看成是上帝的主場，而把市場讓給撒旦。我們是富有生命的人，應該積極主動、四處活動，我相信上帝在呼召我們爲了祂的榮耀去拯救商業界。這也是我個人職業生涯的最終目標。

記得前段時間，當我正在爲了自己這種信仰而努力工作時，我的一個同事給了我這本名叫《修道士與商人的傳奇故事：經商中的每件事都是神聖之事》的書。上帝總會在有所需要某物時把它賜予我們，難道不是嗎？我一見此書便愛不釋手，因爲這本書裡所描述的畫面，恰恰是我正在努力完成的事業，兩者的相似之處，令人難以置信。這本書還以我能夠接受的方式，非常完美地將所要討論的問題一一鋪開。

該書的作者特里·費爾伯讓我們從一個全新的視角，看待所有有關教堂和商業那些受人爭議的問題。我最終明白了，傳教士是神聖的，商人也同樣神聖！因爲商人所從事的也是一份服侍。我們和所有的信徒一樣，以神父爲榜樣，去做好每一件事。上帝沒有讓我們將屬靈和日常生活分開、也沒讓我們將星期天早上的禮拜和星期一早上的全體員工例會分開。在以上任何兩種場合，上帝都在場。

我對此觀點深信不疑，於是立即大量購買此書，做爲整個工作團隊的必讀書。從那時起，每位新進職員都要在開始工作的前九十天，和其他同事一起讀這本書。

我們這樣做不是因爲這本書讓人「百讀不厭」，而是因爲這本書確實能夠準確地勾勒出我們是誰、我們如何審視自己在商業界中的角色等問題。如果我們招聘的是運送部的員工，所做的不只是把書打包再裝進箱子裡，他們還送出了希望，給那些需要幫助的人送去鼓勵。如果我們招聘的是客服中心的員工，所做的不只是接電話、讀檔，他們接觸的是活生生的人，其話語會給那些心煩意亂的人送去安寧。在這座大樓內工作的每一個人，都知道他們的工作是在回應上帝的呼召，因爲我們的工作是神聖的。大家對此深信不疑。

做爲上帝的子民，當我們看到那些邪惡之事時，就會心生厭惡。而今，人們對美國商業界恐怕早已留下不好的印象，因此，到了我們扭轉大眾對美國商業界看法的時候。當讀這本書時，我的建議是轉換一下自己的角色，如果把經商中發生的每一件事都看作是神聖之事，你就會改變自己經商的方式。

我和我的全體職員都喜愛這本書，希望你也像我們一樣喜愛它。

戴夫・拉姆齊

（Dave Ramsey）

1

教堂的臺階

神啊，我的心切慕你，如鹿切慕溪水。

我的心渴想神，就是永生神；

我幾時得朝見神呢？

（詩篇 42：1-2）

安東尼奧拉緊了韁繩，駕駛著馬車轉過街角，繼續朝羅馬前行。他回頭看了孫子一眼，胡里奧正倚在車廂後方的稻草堆上，睡著了。儘管他們所乘坐的是良車駿馬，但經過了兩天來的旅途奔波，胡里奧對這次旅行已逐漸失去興致。其實安東尼奧也產生了和孫子一樣的感受，但他對此並不介意，因爲他知道，接下來的幾個小時將會改變自己孫子的一生。

安東尼奧已年近花甲，但外表看來僅四十多歲。近一米八的身高，一頭略帶花白的長髮，下頷蓄著一綹三角形鬍鬚，梳理得乾乾淨淨。經過數日的餐風露宿，他的臉成了棕褐色，那雙淺藍色的眼睛顯得更加炯炯有神。打量安東尼奧的穿著打扮，便知是個有錢人。他所駕駛的這輛四輪馬車，車身上雕刻著美麗圖案，和周圍鄉村荒涼的砂石路顯得有些格格不入。安東尼奧身穿一件純毛料的斗篷，襯裡是從中國進口的紅色絲綢，脖子上掛著一個純金十字架，頭上戴著一頂禮帽。而帽子上的裝飾物，一看便知這是位聲名顯赫的貴族。一陣晨風迎面吹來，安東尼奧扯過斗篷一角遮臉。空氣

中飄來了春天的花香，他深深地吸了一口氣，想到身後熟睡的孫子，臉上露出了一絲笑容。

連續數日的春雨，把馬路沖刷得凹凸不平。馬車砰的一聲輾過一塊石頭，胡里奧的頭砰地一下撞在膝蓋上；然後馬車又壓進另一個洞，乾草整個朝他迎面撲來。「胡里奧，我們就要到了！」安東尼奧對孫子大聲說，可他卻忘了孫子在顛簸中睡著了。過了一會兒，胡里奧搖晃著站起身，坐到祖父身旁，一隻手摟住了祖父的後背。

「還有多遠？」胡里奧穩了穩身子，問祖父。

「繞過前面那個拐角就到了。」安東尼奧趕緊拉了拉馬韁繩，放慢了車速，躲開了一個村婦，她吃力地背著一大捆木柴正準備橫越馬路。當馬車從村婦身邊繞過後，她便拖著沉重的腳步，急急忙忙地穿過馬路。路兩邊開始零星地出現一座座小型建築物和一條條平坦的街道，胡里奧知道快進城了。緊接著，一幢幢高樓大廈和一處處古老建築遺跡進入視線，繁華的街景展現在胡里奧面前。他向街道兩旁不停地張望，尋

找著聖彼得大教堂。

「爺爺，我怎麼還沒看見聖彼得大教堂？」胡里奧問道。

「別著急，馬上就會看到了。」

接下來映入眼簾的是，一長排宏偉的石柱，中間圍著一個寬闊的廣場，這些石柱起碼有五十英尺高，柱子上高聳入雲的塔形柱廊，白色的石面在晨光中閃閃發光。眼前的景象把胡里奧看得瞠目結舌，安東尼奧回過頭來衝著他笑。當他們走得更近一些時，胡里奧看到這座宏偉的建築物上還雕刻了很多圖案。

「歡迎來到聖彼得大教堂！」安東尼奧一邊說、一邊用力拉緊韁繩。

馬車忽然停了下來，胡里奧的身體也隨之前傾，可他卻沒出聲，眼睛仍舊死死地盯著前方的柱廊。當他們來到廣場四周的石柱和拱門前時，有兩名教堂警衛認出了安東尼奧。儘管這個廣場禁止任何外人進入，可這兩名警衛卻帶著祖孫二人來到了直通大教堂的中心地段。胡里奧凝視著聖彼得大教堂的巨大穹頂，他從未見過如此雄偉的

建築，心裡開始思緒起伏，不停追問自己：這究竟是如何建成的？

他們從正面的入口處進到了主建築，胡里奧不由自主地又開始抬頭四處張望。他們是今天唯二被允許進入教堂的參觀者。胡里奧突然拽了拽爺爺的衣袖，用手指著前面的鷹架，這個鷹架立在大廳的中央，由木頭做成，頂端直直指向巨大的穹頂。在鷹架上搭著一塊粗糙的木板，上面躺著一個人，雙眼直視前方，一動不動，胡里奧以爲那人已經睡著了，便問爺爺，「那個人是幹什麼的？」

「他是這裡的主人。」安東尼奧悄悄地回答。

「他叫什麼名字？」胡里奧繼續問道。

「米開朗基羅。」

這個名字甫出口，木板上的那個人傾了下身體，向兩位來訪者慢慢地揮了揮手。

胡里奧也小心翼翼地朝他揮了揮手。

胡里奧如今已滿十八歲，個頭比祖父還高，一雙深藍色的眼睛不停地來回掃視這座巨大的教堂。這個地方眞美，令他目不暇給。他們一路走著、看著。這時，胡里奧看見幾個雕刻精美的塑像，馬上便認出這是《聖經》裡提到的英雄們。教堂裡十分安靜，四處迴蕩著胡里奧涼鞋踩在石頭地板上發出的哢哢聲響，那聲音令人毛骨悚然。胡里奧回想起離家前母親讓他穿著這件長袍出門，當時他還百般拒絕，可現在他忽然發現自己適合這身衣服，因爲這樣的穿著就像是附近修道院裡的一名修道士。

安東尼奧在前面快速走著，胡里奧大踏步跟上爺爺的步伐，祖孫兩人向著教堂走去。他們的正前方是主祭壇，四周圍著一圈金色的臺柱，又粗又高，直通屋頂。主教堂的正面鑲著金邊，牆上嵌著馬賽克和一些褪了色的玻璃，地上鋪的是白色大理石地板，整個房間顯得富麗堂皇。胡里奧發覺自己被這座美麗的教堂給吸引住了，一度迷失在時間的長河中。

忽然間，遠處傳來了說話聲。原來是一位修道士，他朝著安東尼奧的方向走來，用手指著左邊的走廊。安東尼奧告訴孫子：主教堂正在粉刷，還無法向民眾開放，上午的禮拜臨時被安排在一個小教堂裡舉行，從教堂的東側入口便可以進入到這座小教堂。房間裡已是座無虛席，祖孫倆被安排到後側的一條石凳上坐下。修士們走了進來，向著香爐前做禮拜的人們揮了揮手，胡里奧毫無反應，他只顧盯著香爐裡螺旋狀冉冉升起的香煙，看著那一縷縷的白煙飄向頭頂那又高又大的穹頂、飄向上帝。他曾從祖父那兒聽到過許多關於大教堂的故事，今天終於有機會目睹這一切。今日所見的大教堂，要比他之前想像得壯觀許多。這次的聖彼得大教堂之旅，從一開始就充滿了神祕感，現在胡里奧開始猜想，前面還有什麼樣的祕密等待著他去發現。

禮拜結束快一個鐘頭，祖孫倆還沒說上幾句話。他們只是坐在教堂後的石凳上，目不轉睛地望著牆上華麗的裝飾、望著那一個挨著一個數不清的拱形門廊、望著牆上鑲嵌著已褪色的美麗玻璃。當初這一切是如何建成的？誰能出得起那麼多錢把這座教堂建造得如此壯麗？胡里奧又開始自問。眼前的一切著實讓他難以置信。又過了一會兒，祖孫倆不約而同地站了起來，然後一聲不響地從高大的入口處走出來，梵蒂岡的上空，陽光燦爛。

爺爺以前曾對胡里奧說過，他有個特別的故事要講給他聽，向他揭開一個天大的祕密。儘管胡里奧一再央求爺爺，可爺爺卻說一定要等到他們到彼得大教堂做過禮拜才行。出了教堂，兩人來到廣場上，廣場上覆蓋著拱形門廊和石柱的陰影。安東尼奧放慢了腳步，接著一個箭步站到祖父的面前，把祖父拉到一個大理石臺階上坐下，自己則坐在不遠處的一塊石頭上。

「爺爺，現在該說了吧？」

「好的，胡里奧，是到了該說的時候了。」

2

威尼斯商人

我未成形的體質，你的眼早已看見了。

你所定的日子，我尚未度一日，你都寫在你的冊上了。

（詩篇 139：16）

此刻已近正午時分，聖彼得大教堂的上空陽光明媚。一縷和風從廣場那邊迎面吹來，安東尼奧發覺此時此景是如此清新浪漫。這個時刻他已等了好幾年，現在，要把自己的成功之道親口傳授給年輕的孫子。胡里奧已年滿十八歲，長得越來越像他的父親，瓦倫蒂諾。

胡里奧和四個妹妹都出生在威尼斯，在那裡長大。做爲家中的長子，家人期望他現在能躋身商海，和父親一起去經商。他的父親現在是遠近聞名的船運商人。胡里奧從小就表現出在數字方面的天賦，十四歲那年，家人還專門爲他請了一位家庭教師。二十多年前，瓦倫蒂諾就曾和父親經歷過這麼一次特殊的旅行；二十多年後的今天，孫子也將開始一樣意義非凡的旅行，這點讓他感到由衷地高興。

「爺爺，現在該把你的故事講給我了吧，我一定會洗耳恭聽。」胡里奧坐在那塊冰涼的石頭上鄭重其事地說，試圖克制住內心的激動。

「好吧，我想還是從那座修道院講起吧。」

「修道院？」胡里奧有些迷惑。

「是的，我是在威尼斯郊區的一個小修道院長大的，至今還依稀記得，清早修道士們一起禱告的聲音；依稀記得我的爸爸，菲力浦，用雙手把我高高舉過頭頂，再轉上一圈。他總會說，這樣我就和上帝離得更近一些。」安東尼奧咧開嘴笑著。

「可是，爺爺，我聽說你是被人收養的。」胡里奧坐在大教堂的臺階前一動不動聽著，目光死死地盯著祖父的雙眼，他所講的每一句話都深深地刻在自己的心裡。

「你說得沒錯，我是被人收養的。但是在我心裡，菲力浦就是我的父親，也是唯一一位被我當作父親的人。其實，我從未覺得自己是被人收養的，因爲在記事之前，我就生活在這個修道院。當你的曾祖父過世時，我仍是個孩子，而修道院就是我的家。」

「爺爺，那你的爸爸媽媽呢？」儘管胡里奧知道自己如此魯莽地問祖父這個問題有些不妥，但這個問題的答案實在太具有誘惑力，他還是忍不住提了出來。

安東尼奧深深吸了一口氣，開始敘述。

「關於我的身世，聽別人說過幾次。我的祖先們世世代代生活在海邊，靠出海打魚和從事海運工作爲生。父母結婚三年後，我出生了。我幾個月大時，父親接到一單買賣——把一船魚乾運到克里特島。初爲人父，他捨不得離開自己的兒子和妻子，於是他決定帶我們母子出海，一起完成這次的工作。一天夜裡，我們遭遇了一場大風暴，父親有生以來從沒遇到過這麼大的風暴。我們的船被摧毀了，颶風把船吹得在海上直打旋，船帆也被撕扯成兩半。幾天後，這個修道院裡的一名修道士到海上打魚，當他從殘船旁經過時發現了我，當時正躺在船的底部，身上裹著一塊布，已經奄奄一息。」

「那你的父母呢?」胡里奧追問道。

「我的父母永遠消失了。」

胡里奧瞪著眼、張著嘴聚精會神地聽著，在此之前，從未有人對他提及曾祖父母。安東尼奧向孫子逐漸揭開身世之謎，他發現自己每一句話的語調充滿了悲壯。

「後來呢？爺爺？」

「這次事故發生不久，菲力浦就收養了我，我很快便成了參加各類教會儀式的最小成員。」安東尼奧自豪地說。

「在修道院裡長大很乏味吧？」胡里奧天眞地問祖父。

如火的驕陽從聖彼得大教堂上空雲層裡鑽了出來，安東尼奧擦著眼角的汗水，想起了教堂廣場附近的一座花園。

安東尼奧起身對胡里奧說：「快，跟我來。」他帶著孫子走下臺階，向著東邊柱廊旁的玫瑰花叢走，繼續說，「在修道院裡長大一點也不乏味，那裡有很多樂趣，要幹很多活兒。」

「幹活兒？」胡里奧有些不解。他用涼鞋踢著一塊小石頭，一隻手摸著公園入口處的一根大理石柱子。

「對，幹活兒。當我剛學會走路，他們便給我布置一些修道院裡的簡單工作。起初是往廚房裡提水、抄寫《聖經》等的工作，後來，我到葡萄園裡去摘葡萄，幫助大人們秋收。」

「你做得了嗎？」

「做得了！而且我發現自己挺喜歡幹活的。又過了沒多久，我就能給菲力浦當幫手了，和他一起想方設法擴大修道院的影響力。當我長到十六歲時，便嘗試著用一些銷售方式，讓修道士們生產出來的產品賣個好價錢。」說到這裡，安東尼奧幾乎要跳起來，因爲只要一談到自己是如何創業的，便感到格外興奮。

「菲力浦很快便發現我熱中於做生意，同時也忠誠於上帝。當時的習俗是男孩子長到十八歲時就要決定，是去修道院裡當個修道士，奉獻自己的一生；還是投身商場，做個商人。很快便到了我選擇自己職業的時刻。」

「職業？什麼意思？」胡里奧問道。

「職業就是你做什麼工作。」安東尼奧回答道。

「你的意思是，你的職業就是你所做的工作？」

「噢，職業不僅僅是工作。你看你的工作就是每天對別人發號施令，而這也是你一直在做的一件事，但你做的這件事，可算不上是什麼職業。」

「我懂了，你所說的職業就像爸爸……和他的那些船隻，他要經常到碼頭，待在他的船上，儘管很多時候他並不一定非得這樣做。」

「你說得很對。當一個人選擇了自己的職業，他就會心情愉悅地去工作，不斷從工作中獲得樂趣。」

「接下來怎麼樣了，爺爺？」

「噢，菲力浦知道已到了我為自己選擇職業的時候了。可是那時我還不是十分清楚自己是適合當個修道士，還是適合到商場上去闖蕩。有天晚飯前，菲力浦特意坐在我旁邊，吃飯時，他問我如何選擇自己將來的職業。至今我仍記得自己當時一刻也沒有遲疑，直接回答道：『我要像你一樣，當名神父。』儘管菲力浦聽到我要繼承他的事業時，一定會感到很欣慰，但是同時也很清楚，唯有我對兩個世界都有了清楚的了解，才能做出最後的決定。」

「兩個世界？」

「修道士或商人。」

「後來呢？」

「菲力浦把我安排到他的一位朋友家住了幾個月，他的這位朋友很富有，住在威尼斯，從修道院走約一小時就到了。

「他想通過這種方式，爲我提供一次體驗商業界的機會。那個週末，我們便收拾行李去了威尼斯，開始了我在阿萊西奧身邊做學徒的生活。」

「阿萊西奧？他是一位商人？」胡里奧問。

「是的，他是一位家財萬貫的商人，也是菲力浦非常要好的朋友。至今仍能記得他給我的第一印象：身材魁梧，心胸寬闊，生意做得很大。我在那裡跟著他做了幾個月學徒。他那時的體重一定不少於兩百四十磅，頭頂的頭髮已完全掉光，下巴上的鬍鬚直垂胸前，修剪得整整齊齊。平時總是滿面笑容，而當他哈哈大笑時，你也會忍不住跟著笑。他經營著一個船隊，當時給我安排的工作是幫忙管理他的那些船隻。

「當控制鼠疫的藥物被發明出來後，威尼斯的經濟開始快速增長，船運業隨之蓬勃發展，並成為該地經濟增長的主導力量。隨著大量的外地人不斷湧入威尼斯這座眾人皆知的『獅子城』，這裡的皮革商人、鐵匠、泥瓦匠等人的生意也跟著好起來。另外，威尼斯這座城市生產的玻璃相當有名氣，由於玻璃生產業發展得太快了，威尼斯統治者維努奇總督不得不下令，將所有的玻璃燒窯和玻璃生產廠搬遷至威尼斯對面的穆拉諾島。」

「你就住在那個小島上嗎？」胡里奧問祖父。

「是的，我就住在那裡。」

「維努奇總督爲什麼要讓玻璃生產商全部搬遷？」

「開始讓他們搬遷是爲了保護威尼斯城免遭火災，因爲這些玻璃廠有時會著火。後來讓這些玻璃生產商們搬遷到這座小島，是爲了保守行業祕密。這麼一來，船運業就很難跟上經濟快速發展的步伐。阿萊西奧的生意也因此日益興隆，自從我做學徒的那天起，從未歇過一天工。」

「我想那是因爲你愛這個行業。」胡里奧笑著說。

「你想得對。我每天在那兒管人、點貨、想新點子，幾個月後，我發現找到了自己應該從事的行業。當兩個月的學徒生活即將結束時，感到有些失落。在返回修道院前，阿萊西奧堅持要請我吃飯，還記得那天我們吃了燉雞，並討論了我的將來。」

「那天晚上，我把行李收拾得整整齊齊，放在壁爐旁。阿萊西奧安排了一輛馬車送我回去。我很想留下來和他多待一段時間，卻不知如何開口。」

安東尼奧和胡里奧找到一小片草地坐了下來，草地附近有一簇長得很高的玫瑰花叢。他們沉浸在安東尼奧的故事裡。這時，附近有個瘦弱的老太太擺了擺手，向他們乞討。胡里奧看見爺爺站了起來，慢慢地朝那個老太太走過去，把手伸進衣兜裡，摸出一枚硬幣放在她的手裡。老太太向他微笑，離開。

「胡里奧，你餓了嗎？」安東尼奧問孫子。

「不餓。我想讓你把故事講完。你是怎麼和阿萊西奧說的？」

「好的。我知道我的選擇將會永遠改變自己的生活，也想讓自己確信這個選擇是正確的。我坐在那兒雙眼直勾勾地盯著壁爐，感覺汗水開始從前額冒了出來。並不是火爐的炙熱火焰把我烤出了汗，而是自己剛剛所做的選擇讓自己出了汗。」

「你在選擇你的職業，對嗎？」安東尼奧的話還沒講完，胡里奧便像連珠炮似的又問了一個問題。

「說的對。這個選擇將會永遠改變我的生活，所以，我希望這個選擇是正確的。

「我記得自己看著壁爐裡的熊熊火焰，聽著燃燒的木頭劈啪作響，這時，傳來一陣爽朗的笑聲，一聽笑聲便知是阿萊西奧回來了。他大踏步走進屋，隨手砰的一聲關上門，三步兩步就來到我面前，像往常一樣，伸出他那雙短胳膊，給了我一個大大的擁抱。」

「你告訴他了嗎？你告訴他，你想當一位商人了嗎？」

「當然，但是我並沒有立刻就告訴他，也沒有直截了當的告訴他，而是坐下來開始吃晚飯。我記得自己當時向他問起，他和我的父親菲力浦是怎麼認識的。我還記得他把椅子從餐桌旁挪開，嘆了口氣，對我說：『我九歲時第一次遇到了你的父親。』」

3

兩個男人的故事

你們雖然沒有見過他，卻是愛他。

如今雖不得看見，

卻因信他就有說不出來、滿有榮光的大喜樂。

（彼得前書 1：8）

胡里奧突然覺得自己的肚子咕咕叫，於是笑著對祖父說：「我餓了，我們該吃午飯了。」

「好，我們沿著這條街走，我有個熟人在那邊，他能爲我們安排吃的。」安東尼奧提議說。於是，這一老一少溜達著走到大街上，街上人聲鼎沸，旁邊那幢長方形的巨大教堂遮住了太陽。胡里奧開始意識到爺爺接下來講述的故事，將會對自己產生莫大影響。

祖孫二人繼續沿著大街往前走，這時，胡里奧第一次發現爺爺走起路來有點瘸。心想，爺爺是不是在路途中受了傷？可他卻又想不起來，在路上發生過什麼異常情況。

「他們倆當時都是祭臺助手。」安東尼奧的話打斷了孫子的思路。

「你指的是那個傳道士和那個商人嗎？他們都是這個教堂裡的祭臺助手？」

「是的。阿萊西奧告訴過我，菲力浦和他在威尼斯一起長大。」安東尼奧笑了笑，白色鬍鬚也隨著笑聲微微顫動，繼續對孫子說，「由於他們同齡，所以做什麼都在一起，一起上學，一起在教堂工作，他們是最要好的朋友。」

「這位修道士和這位商人後來怎麼樣了，爺爺？」

「當時，他們還不是修道士和商人，只是菲力浦和阿萊西奧。但是很快的，這一切即將改變。你也知道，隨著年紀的增長，他們將必須做出決定　」

「選擇自己的職業？」胡里奧直接問道。

「是的。阿萊西奧出生於商人家庭，他跟著父親在碼頭上工作過，前不久，他還在船庫裡管理著十二名工人，天生就是個做商人的料。當決定選擇自己職業時，他自然選擇回家跟隨父親，做一名商人。」

「菲力浦是如何選擇的？」

「噢，我的爸爸，我常常這樣稱呼他，他從小就夢想長大後要到修道院侍奉上帝。事實上，阿萊西奧曾告訴過我，當菲力浦還是個孩子的時候，有天，他穿過菜園，聽到了上帝召喚他的聲音，並對此深信不疑。在我的成長過程中，菲力浦不止一次提到這件事。阿萊西奧還告訴我，從那天起，我爸爸就決定此生要當一名修道士來侍奉上帝。每天早上，教堂一開門他就到了，經常和神父們待在一起，向他們請教問題，讓他們給他讀《聖經》。很快就學會很多基督教知識，於是去到那個修道院，致力於基督教儀式等工作。沒過幾天，他就在那艘船上發現了我。」

他們聞到了菜肴的誘人香味，於是離開大街，拐進一條石砌的小路，路旁有個賣水果小販，推著滿滿的一車水果，正在爲了一顆番茄和一位年輕修士討價還價。他們雖然從聖彼得大教堂的陰影處走了出來，但發現這個地區的最高建築仍然是大教堂，那圓圓的屋頂、高高的石柱和數不清的柱廊，彷彿不停地提醒著人們：在這座城市，上帝永遠是第一位。或許是聖彼得大教堂就在附近的關係，這個地段顯得安全而寧靜，就連那個水果小販的叫賣聲，也顯得小心翼翼。

正午時刻，安東尼奧忽然在熙熙攘攘的馬路中停了下來。

儘管祖父的舉動讓胡里奧摸不著頭緒，可他也跟著祖父停下腳步，站在他的身邊。起初聽到了遠處幾聲微弱的鐘聲，緊接著鐘聲越來越大，富有節奏、正午的鐘聲敲響了，胡里奧的臉上不由自主地露出笑容。

「這鐘聲是從那座長方形大教堂裡傳出來的嗎？」胡里奧問祖父。

「是的。每一天，每天兩次，鐘聲響起宛若對神的禮讚。每年都添加更多的鈴聲。」安東尼奧說，這時鐘聲每隔幾個字就會響起。

胡里奧相信自己聽到的是一首讚美詩，這首讚美詩彷彿以前曾在某個地方聽到過。究竟是不是讚美詩並不重要，重要的是這是他人生中最偉大的時刻，令他終生難忘。抬頭望去，看到的是大教堂高高聳立的屋頂，再看看大街上，到處都是信徒，每一個角落對他來說都很新鮮。這裡的人們努力工作的同時，也敬拜著上帝。起初祖父還站在他身邊，待他緩過神來時，發現祖父已開始往前走，於是趕緊跟上祖父的步伐，緊隨其後。

「爺爺，您父親搬到修道院後，和阿萊西奧還是好朋友嗎？」

「當然是，至少在最初的幾年是這樣的。聽說阿萊西奧的生意做得很成功，也做得很大，很快便超越了他父親，成了該地區貿易圈裡一位大名鼎鼎的頭號人物。而我的父親菲力普也有做領導的天賦，被選爲修道院的院長。

「做爲修道院院長，菲力浦還要負責協調威尼斯大教堂的禮拜儀式。開始時，阿萊西奧還會每週上兩次教堂，看看他的老朋友，敬拜上帝。可是隨著生意的不斷擴大，阿萊西奧上教堂的次數也減到每週一次。」

「你父親介意嗎？」

「介意。我父親是個對上帝非常忠誠的人，他認爲那些不想在教堂度過每一天的人，眞是不可理喻。對於他來說，教堂才是最值得一個人待著的地方。到教堂裡度過的假期時光，才是眞正的假期。對於阿萊西奧每週只上一次教堂這件事，父親開始感到反感。阿萊西奧告訴我，菲力浦開始發表就如何侍奉上帝和做禮拜的重要性等言論，想讓阿萊西奧出於負罪感，能夠多來參加幾次禮拜。阿萊西奧也開始意識到菲力浦是在對他施壓。過了一段時間，兩個人便不再來往了。」

胡里奧邊走邊想，他和自己的好友里卡多將來是否也會形同陌路，可實在想不出能有什麼原因讓兩人絕交。他忽然對這兩位摯友的絕交感到非常惋惜，趕緊問祖父，「接下來怎麼樣了？」

「接下來好長的一段時間裡，這兩個人都沒來往，他們全身心投入到各自的工作中，並且做得十分出色。隨著信徒增多，人們又建了一座新的教堂，菲力浦被派到那兒去布道。同時，阿萊西奧的船隊也發展成地中海地區最大的一支，有一百多艘輪船以其家族的名字命名，航行在海上，運送著貨物。阿萊西奧每週繼續上教堂做一次禮拜，而菲力浦繼續在心裡默默盼望著阿萊西奧能多來幾次。但兩人間的話變得越來越少，直到有一天……」

就在此時，一個身寬體胖、腰比兩個啤酒桶還粗的男人，大踏步闖到胡里奧的面前，讓胡里奧閃躲不及。只見他伸出雙手摟住安東尼奧的腰，一下便把他舉到了空中，又抱著他轉了兩圈，然後砰地把他放回地上。這一切把胡里奧搞得目瞪口呆、手足無措，等他緩過神來，想要出手援救時，卻聽到一陣笑聲，發現這兩個人在大街中間擁抱在一起，哈哈笑了起來。街上的商販和行人全都停下腳靜靜地看著他們，把胡里奧弄得很難爲情。

「維尼托，來，給你介紹一下，這是我孫子，胡里奧。」安東尼奧驕傲地說著，「胡里奧，我和這位維尼托爺爺將近有三十五年沒見過面了。我們倆是在穆拉諾島海邊考察時認識的，那時他是那個島上最棒的廚師。我們很快便成了好朋友，他和他的家人經常邀請我到他家去做客，後來他還開了一家餐館。」

「胡里奧，你爺爺說得全對，不過他有一件事沒告訴你，那就是他還教給我一個祕訣，讓我如何成爲一名聰明的生意人。說心裡話，多虧了安東尼奧，我才能有今天的成就。」維尼托感激地看著爺爺說。

胡里奧向維尼托伸出手，做好了也被抱住轉上一圈的心理準備。令他欣慰的是，維尼托只是很優雅地和他握了握手，又順手指了指街邊，只見那裡立著一把遮陽傘，傘下擁擠地擺著三張餐桌。

「歡迎到我的新餐館來用午餐。這家餐館是我一個月前新開張的，生意挺好的。」他得意地說。

三個人走到一張餐桌前坐下，維尼托大聲招呼著另一名身材肥胖的人趕緊上菜。那個人正在切一塊油汪汪的烤羊肉，把胡里奧饞得口水直流。不一會兒，祖孫倆的桌前便擺上了一大盤烤羊肉。簡單祈禱後，維尼托向他們告別。

「我現在得去關照我的其他幾家餐館。很高興見到二位。願二位用餐愉快。」說完後，維尼托起身朝大街走去。安東尼奧接著講他的故事。

「一天，菲力浦在讀《聖經》時，發現了一些很特別的話。」

「他發現了什麼？」胡里奧迫不及待地追問。

「發現了上面有一句經文，能化解了他與阿萊西奧之間的窘境，便立即派了一名祭臺助手去找阿萊西奧到大教堂來。不到一小時的工夫，阿萊西奧就到了。菲力浦把阿萊西奧領到了聖壇後的一個房間裡，那裡保存著一部《聖經》手抄本，這本《聖經》是世上僅存的幾百本完整版手抄本中的其中一本。阿萊西奧意識到這是個非常重要的地方，因爲這裡儲藏著稀世珍寶，自己能到這裡實屬三生有幸。兩個人進屋後，菲力普用手指著一本厚厚的手抄卷，這本手抄卷已被翻開近尾頁。」

「他在那兒發現了什麼？是什麼樣的經文讓菲力浦感到如此重要？」胡里奧忘了吃羊肉，又一次被祖父的故事吸引住。

「這句經文說是耶穌『又叫我們成爲國民，做祭司，歸於神，在地上執掌王權……』（啓示錄1：6）。」

「我不懂，」胡里奧說，「阿萊西奧又不是國王，他到底想說什麼？」

「胡里奧，那天上帝啓示菲力浦，阿萊西奧的確是一位國王，但不是他們認爲的國王。你看，這句經文說，上帝繼續讓我們成爲國王和祭祀。這意謂著他仍在這麼做。上帝的意思是他呼召一些人成爲祭祀、一些人成爲商人或國王。」

「我現在明白了，一位經營商業的人就像一個國王，對嗎？」

「說得對。那天，上帝讓我父親知道了自己是被呼召來聆聽上帝的話語，並且引導他人信主。那天，上帝也讓阿萊西奧知道了，他是奉上帝之命來經營市場，同時爲完成修士們的使命提供各種資源。就在那天，菲力浦向阿萊西奧道歉，因爲自己之前的誤解，還錯怪了他。他明白阿萊西奧正在努力成爲符合上帝心意的商人，而自己也在一直努力讓自己成爲一名修道士。是上帝的這句話讓他頓悟，讓他明白了自己的職責，就是爲阿萊西奧祝福。就在那一刻，兩人重歸於好。想到又可以一起並肩工作了，兩個人感到幹勁十足。」

「也就是說神父應該服侍上帝，而商人應該服侍神父，對嗎？」

「你說錯了，我沒這個意思。上帝讓我們每個人都要服侍祂。我們都要聽從上帝的話，並以此爲榮，我們要在生活中頌揚上帝。上帝還讓那些涉身商場的人和那些終生服侍上帝的人間，有了某種特殊的關係。」

「我聽明白了。是上帝給予了商人們財富，幫助神父們布道，神父們奉獻出了自己的時間和精力來服務上帝，爲商人們祝福。」

「這次說對了。這是一種非常特殊的合作關係。」安東尼奧解釋道。

「這個故事講完了嗎？」胡里奧不解地問。

「沒有，還沒有講完。這才剛剛開始。阿萊西奧先講了他和我父親是怎樣相識的，又講了他們兩個人是如何發現了修道士與商人並肩奮鬥的重要性，然後，他問我打算如何選擇自己的職業。」

「我猜到了你的回答了。你告訴他，你想成爲一位商人，對吧？」

「猜對了，猜對了。我們邊喝著雞湯、邊聊著商人與修道士這兩個職業。我告訴阿萊西奧，我想成爲一名商人。我知道了自己的天職就是生產產品、爲他人提供服務、給神父們的布道提供各種資源、使神父們可以實現爲神之國度的使命。我已經爲此做好了準備，至少我也對此有所準備。」

「你爲什麼要說『有所準備』？」

「我爲自己要成爲一名商人做好了準備，準備著開始自己嶄新的生活，但我知道自己仍有好多東西要學，因我在阿萊西奧那裡才工作了兩個月，還有好多問題要問。於是，就在那個夜晚，我問他是否願意當我的導師，幫助我成爲一名出色的商人。」

「他是怎麼樣回答的？」

「他接受了，但是提了一個條件。」

「一個條件？」

「對。他說，如果我保證將來每隔三年的同一天晚上，能來他家見他一面，他就答應指導我如何去做個商人。他還說，他想幫助我發展壯大生意，還要我爲自己所知所學負責。」

「那你是怎麼回答的？」

「我欣然接受了他的條件。他讓我寫日記，把從他那學到的所有知識都記錄下來。我按照他說的做了，把每次見到他的場景和說過的話就記了下來。」邊說，安東尼奧邊把手伸進了肩上挎著的一個皮包裡，從裡面拿出一本很舊的日記本，外皮包著一層皮革，已經磨得很舊了。這個日記本呈正方形，書角雖然已經磨損得很厲害，但裡面的內容依然保存完好。日記本外繫著一條金色絲帶，顯得有些不協調。

這個日記本呈正方形，封面上寫著幾個《國王的日記》幾個金色的字，字體的顏色已經褪色，快看不清了。

「這個日記本上記錄著這些年來，我從阿萊西奧那裡學到的一些經驗。他的這些話讓我成就了自己一生的事業、實現了自己的夢想。他教給我、還有在這本日記裡記錄的一些思想，都成爲我在生意中和生活中堅持的一些準則，也正是這些準則爲我提供了很多生意上的機會，增加了我的財富。」

胡里奧忽然意識到此次旅行的重要性，明白了祖父帶著他來這兒旅行的目的，是要向他揭祕自己的巨大財富是如何獲得。他可不想錯過這個學習的好機會。遲疑片刻，不知如何回答才好，於是斗膽問道：「爺爺，能給我看看你的日記嗎？」

「當然可以。」

安東尼奧慢慢地掀開了封面，他和阿萊西奧第一次見面時的種種場景湧現眼前。

如今，第一個三年後的重逢時間馬上就到，他準備好去拜見他的老朋友了。

4

第一次重逢

我是葡萄樹，你們是枝子；常在我裡面的，

我也常在他裡面，這人就多結果子；

因爲離了我，你們就不能做什麼。

（約翰福音 15：5）

那天晚上，阿萊西奧房前懸掛的燈籠隨風搖曳，燈光成扇形散照在運河上。藉著燈光，我看清了面前這座碼頭的輪廓，心裡一直在嘀咕，今晚自己的舉動是否正確，但這畢竟是一個協定。當我走近碼頭，一個熟悉的場景展現在我的眼前：所有船帆都捲了起來，整齊地放在帆纜下。看到這些，就知道這是阿萊西奧的船隊，因爲只有阿萊西奧才會以這種方式經營自己的船隊。更何況，當初那個夏天我當學徒時，也曾經出謀畫策，建議他這樣整頓他的船隊。

爲了兌現自己當初的承諾，每隔三年，我都會獨自一人前來赴約。每三年的這一天、這個時刻、這個地點，阿萊西奧都會來和我見面，非常認眞地給我上一課。我也不知道阿萊西奧爲什麼會選擇這樣一個時間來見我，實在有點捉摸不透，可這就是他的性格，做事時總是給人留下想像的空間。

當我搖著小船靠近碼頭，邁過船舷跳到碼頭上的木板上，那些舊木板被我踩得吱吱直響。我麻利地轉過身，順手抓住纜繩，把小船拴在旁邊的一個柱子上，然後輕快地走過甲板，此時，我回想起了過去，自己一次又一次地把這些船上的纜繩拴上再解開的場景。但我卻沒有馬上就見到阿萊西奧。

我急於將自己這三年來在生意上遇到的一些不平常經歷講給他聽，向他訴說自己當前正面臨的幾件麻煩事，請他出出主意。我手裡拿著個小包，徑直朝那間大石頭房子走去。當我離水面越來越遠，眼角餘光看到了一樣東西——那是一盞燈嗎？

我轉過身仔細望去，在大約二十米處的水邊，有盞小燈籠在搖曳、閃爍，這縷燈光同房子裡的燈火交相輝映。直覺告訴我不要管它，繼續往前走，可還是按捺不住好奇，於是轉身向著這縷微弱燈光慢慢走去。從一排輪船旁經過時，心裡還在想：三年過去了，不知阿萊西奧現在變成什麼樣子？當我走近那盞燈籠時，心裡緊張得怦怦直跳。在微弱的燈光下，模糊地看見有人坐在一個簡陋的板凳上。忽然，一陣笑聲打破了此刻的寧靜。

阿萊西奧站起身來，燭光正好照在他臉上，咧開嘴向我笑著。我扔下手中的小包，朝他快速走去。他的笑聲讓我忘記了一切煩惱和憂愁。

「我的朋友，見到你眞高興！」阿萊西奧熱情地向我說。

「見到您，我也很高興！」我說。於是我們兩個人有說有笑地朝他家走去。快到家時，不禁想起自己和他的碼頭工人們並肩工作的那段日子。那時我們把從東方運回來的絲綢卸下船，再把大理石和玻璃裝上船運往法國。

我還想起了那時經常看見一百多艘輪船在這個港口卸貨，並且一週要卸好幾次。起初還沒意識到阿萊西奧是這麼有錢、這麼具影響力，直到有天，我把這些輪船一個月所賺的錢加在一起，這個數目比多數商人一生賺的錢還多。做爲世界上最成功的大商人，阿萊西奧的生活卻十分簡樸，這讓我非常吃驚。於是，我便決定向他學習。

我們進屋，從屋子一角的廚房裡飄來股燉菜的香味。壁爐裡生著火，屋內暖烘烘的，我隨即有了一種回家的感覺。見過他的家人後，我倆在一張深褐色的木質餐桌前坐了下來。桌子的四根桌腳很粗，上面雕刻著花紋。我從未看到過這樣的餐桌，心想這很可能是阿萊西奧專門從海外買來的。

「這張餐桌是從亞洲買來的嗎？」我問道，因爲桌上雕刻的圖案和木頭的材質，是很典型從遠東進口的那種。

「是的，準確地說是從中國，是一個多世紀前由最好的工匠製作的，我用亞麻布和葡萄酒換來的。你覺得怎樣？」

「棒極了！我是說，你還和東方國家做生意。噢，這張餐桌，很闊氣。」我用手指量著桌面上雕刻精美的獅子圖案，這隻獅子從頭到尾至少有兩英尺長，獅嘴張開，呈朝天怒吼狀。這隻獅子適合放在威尼斯，因爲獅子是這座城市聖徒聖·馬可的象徵。整張餐桌將近六英尺長，擺放在屋子的正中央。

「安東尼奧，通往世界的大門在威尼斯這裡向我們打開了，看來這裡要成爲世界貿易的一個重要樞紐，每年都會有成千上萬艘輪船和船隊從威尼斯進進出出。我唯一希望的是，能有一個更好的交換制度，因爲競爭變得越來越激烈、越來越困難，我發現其他商人用更少的東西，卻換回和我同樣多的貨物。」

「這樣對你是不公平的。」我用一種近乎煽動的語氣對他說。在離開阿萊西奧的這幾年裡，我發明了一套新的交易方法，一直希望能有機會向他請教，現在，機會終於來了。

阿萊西奧開始滔滔不絕地說了起來。「也不能這麼說，這也不完全是他們的錯。貿易中涉及的商品種類太多，確實無法保證公平。拿一頭駱駝和穀物或玻璃交換時，該由誰來決定其價值？畢竟這些都是人為的。」

「如果……如果用一種全球公認的貨幣來交易呢？」我急於把自己的新想法說出來，便搶先一句問道。

「噢，這倒是個不錯的主意。但是怎樣才能實現呢？隨著世界經濟的日益增長，要想用貨幣，就連是使用附近城市的貨幣想買到商品都已不大可能了。」

那天我穿著一件鑲著皮邊的深紫色羊毛大衣，笑著把手伸進大衣口袋裡，從裡面

4 第一次重逢

拿出一只小皮口袋，皮口袋裡有東西發出清脆的響聲，就像甲殼碎片碰到石頭所發出的聲音。我把皮口袋遞給了阿萊西奧。

「打開口袋看看。」我以敦促的語氣對他說。

他解開口袋，小心翼翼地把裡面的東西倒在手掌上。那是十枚玻璃珠子，圓球形，工藝精美，色彩獨特，由紅、藍、白三種顏色呈螺旋形組成，每枚珠子的直徑都超過了一英寸，中間有一個孔。

「玻璃珠？」他顯得又驚又喜。儘管他知道穆拉諾島玻璃生產商能生產玻璃珠，但這些時尚玩意兒，還是第一次見到。

「喔，這些可不只是玻璃珠。兩個月前，我去西西里島旅行，中途去了穆拉諾島。期間，有位先生告訴我，島上有商家發明了一種新的製造玻璃珠的方法，以這種方法製造出來的玻璃珠是空前絕後的。」

「接著講。」阿萊西奧顯然被這個故事吸引了。

「好。他們蒙住了我的雙眼，讓我騎著馬，把我帶到了商人家裡。到了那裡後，我對那名商人說，聽說他有一種製造玻璃珠的方法，用這種方法生產出來的玻璃珠是獨一無二的。他點頭稱是，然後拿出了一把珠子，也就是你手中的這些。我記得自己對他說，我對他的話有所懷疑。那個商人告訴我，我若不信，就去找穆拉諾島上最好的玻璃製造商試試，看他們能否生產出這樣的珠子，如果能，他就把自己的整個玻璃廠送給我。」

「眞的嗎？」阿萊西奧問道。

「我試過了，這是不可能的。我找了當地五家不同的玻璃製造商，全都失敗。當我意識到這些玻璃珠是世上獨一無二的東西時，立刻就想到，我們可以把它當作全球貨幣。貿易界最終要有一種貨幣供所有商人來使用……如果我能說服商界使用我的珠子，那就什麼都解決了。」

「你接下來做了什麼？」阿萊西奧接著問道。

「我回去見了那位商人，買下他玻璃珠的獨家批發權。阿萊西奧，我想我已經爲你貿易中遇到的難題找到解決辦法，我認爲我發現了全球通用的貨幣。」

稍稍遲疑片刻，阿萊西奧便從桌旁站起身來，語氣堅定地對我說：「我用。你生產多少我要多少，我會把它們分發出去，做爲我新的支付手段。請把這些珠子留給我，然後派人把他們送給我那些最大的客戶們，通知他們這個消息。如果你確信自己確實想繼續做這件事，那麼就這麼定了。」

一時間，我不知如何回應。「我當然想繼續做這件事。阿萊西奧，我眞的不知道說什麼好。我……」

＊　＊　＊

胡里奧坐在那兒，全神貫注地聽著爺爺講述這個故事，壓根忘了吃午飯。聽到這兒，他再也控制不住自己了，突然順口說道：「玻璃珠子……你指的是威尼斯貿易珠子嗎？」

「是的，是最初的那批。我後來收購了這家玻璃珠子製造廠，開始將我的玻璃珠子分送到世界各地。」安東尼奧回答道。

「可是，現在這種貿易珠子隨處可見啊。我的意思是，這些玻璃珠子已經全球通用，難道這是你出的主意？」胡里奧知道自己的祖父是個有影響的商人，卻不知道他的影響力究竟有多大。在他的成長過程中，曾多次前往穆拉諾島看望祖父，就在去年，他還在祖父的碼頭上工作過。但祖父的生財之道對他來說始終是個謎。時至今日，威尼斯貿易珠子幾乎已成了亞歐大陸所有貿易領域的流通貨幣。他的大腦在快速運轉，試圖想要算出這些珠子的價值，和這些珠子為安東尼奧帶來的財富。等到思緒終於慢慢停下，他難以置信地搖了搖頭，再一次重複了自己的問題。

「你是說，在進出口貿易中使用貿易珠子，最初是你的想法？」

「對啊，胡里奧，這是我的想法。我想這個主意是上帝賜予的。」這個發現讓眼前這個年輕人倍感意外。他驚呆了，有好一會兒的工夫，祖孫倆只是靜靜地坐在那兒，一言不發。

安東尼奧把手中的日記本翻開到其中一頁，放在他前面的桌子上，凝視著孫子的雙眼，順手把日記本轉向了孫子。

「這是通往成功的第一條祕訣。」說著，他用手指著這一頁上僅有的一行字。胡里奧看著日記本大聲讀了出來。

準則1

只要你努力工作，上帝就會祝福你。

「爺爺，這句話是什麼意思？」胡里奧問道。

「這句話的意思是說，努力工作是成功的開始。《聖經》告訴我們，如果你對上帝忠心，祂會祝福你。而你會發現，許多人都會有一些很好的想法……」

「就像威尼斯貿易珠子一樣的好想法嗎？」

「是的，和貿易珠子一樣妙的想法。但好想法歸好想法，他們卻從未去想把它們變成現實。阿萊西奧教給我這第一條原則的重要之處就在於：你認準的事就一定要努力去做。有想法容易，但付出時間和精力去實踐這個想法，卻是另外一件事。」

「爺爺，我一個好朋友的父親說，他找到一種灌溉農田的新方式，可是其他農民卻阻止他這樣去做。」

「胡里奧，人們會產生很多偉大的想法，但是如果不能戰勝那些帶來負面影響的人，我們將一事無成。事實是：絕大多數人都是一直在等待著開始，卻只有少數人會將想法付諸實踐，通往成功的彼岸。」

「嗯。如果上帝想讓你成功，不管你從事什麼工作他都會保祐你？」

「這也是我們對上帝的一個誤解。上帝的確想要祝福我們，但事實是，祂只祝福那些努力工作的人。上帝希望我們尋求祂的帶領，然後努力工作。其實，保羅也曾說過，『如果一個人不工作，就不應該吃飯。』這句話說得很有道理。上帝是在讓我們懂得勤勞的重要意義。」

胡里奧在心裡記下爺爺說的每一句話。他知道日記本中記錄的這些原則，說明了阿萊西奧、菲力浦和安東尼奧取得的成績，而這些原則對他自己也一定有用。他雖然急於想聽到日記本上記錄的其他內容，但在祖父繼續往下講述前，他要確保自己能夠理解這第一條原則。

「那麼說，這第一條原則主要是說：『要信靠上帝，必須想好自己要做什麼，然後克服一切困難，並將想法付諸實踐。』對了，同時還要努力去工作。如果我這樣做了，當我需要幫助時就會得到幫助，上帝就會幫助我，對嗎？」

安東尼奧笑了，他知道一筆寶貴的財富已經傳遞給了新的一代。「是的，胡里奧，努力去做你喜歡做的事，上帝終究會賜福給你，祝福你的事業上取得成績。」

「你和阿萊西奧的第一次重逢到此就結束了嗎，爺爺？」胡里奧問祖父。

「是的，到此結束了。那天我很晚才離開他家，然後坐船回家。第二天，我去拜訪一位朋友，他是個皮革商人，我請他幫忙裝訂這個本子，因爲這個本子裡記錄著我和阿萊西奧第一次重逢時學到的所有知識。接下來的三年，我拚命工作，將自己對於威尼斯貿易珠的想法付諸實踐。正如他所說，我的付出得到了回報。然後我開始期待著與他的第二次重逢。」

5

第二次重逢

人非有信，就不能得神的喜悅；
因爲到神面前來的人，必須信有神，
且信他賞賜那尋求他的人。
（希伯來書 11：6）

三年前的那個晚上，阿萊西奧提著個燈籠坐在碼頭上的場景，差點把我嚇個半死。這次來可要神不知鬼不覺。令我感到欣慰的是，這天晚上是個半陰天。我乘著一艘新船，船頭呈弧形，船身較深，在水中航行起來比較省力，而且不會發出一點聲響，這讓我很得意。要是回到三年前，還眞不敢夢想自己會擁有這麼一艘好船。我和阿萊西奧第一次重逢時乘坐的那艘船，是一艘二十多年的舊船，總要隨身帶上一只小罐，以便把船底部的水舀出去。而今這艘船卻是全新的。

一個月前，我從穆拉諾島上的一位工匠那裡，買下了這艘船。這位工匠是當地的造船名家，當初我跟隨阿萊西奧工作時，曾在碼頭上和他多次打過交道。記得當他再次見到我時，顯得有些吃驚，而當我提出想買這艘船時，更是驚愕不已。他告訴我，只能用貿易珠子來買這艘船。

「只有這樣，我才能相信你是眞的有錢了。」他向我解釋道。

我微笑著遞給他一袋珠子，他認眞地數了又數，非常滿意。這才意識到我的珠子已經在該地區使用了，那種感受至今難忘。當我划著船離阿萊西奧家還有一公里時，三年前的那句話又迴蕩在腦海裡。

只要你努力工作，上帝就會祝福你。

雖然只是簡簡單單的幾個字，卻蘊含著強大的力量。和阿萊西奧的第一次重逢後，我就謀畫著尋找時機，擴大貿易珠子的影響力。雖然遇到了一些困難和挑戰，但經過六個月的努力不懈，有幾位關鍵商人開始在交易中使用我的珠子。三年的時間裡，這些珠子已成爲威尼斯地區的標準交易媒介，我也開始了自己人生中的第一次財富積累。朋友和家人都對我的成功不敢相信。我渴望見到阿萊西奧，給未來的人生提點建議，因爲我又開始面臨一些新的問題和新的挑戰。

我仔細分辨著前面的海岸線，尋找著那個熟悉的碼頭，心裡曾一度想，這個碼頭不會是從人間蒸發了吧，阿萊西奧不會是把他的實業從此地遷走了吧。阿萊西奧曾經提過，他想把他的公司遷到這座城市的北邊去，因爲那裡才是貿易的中心地。可是，如果他眞的搬走了，也肯定會通知我的。我心裡嘀咕著。

就在這時，我看到了他的碼頭。

依舊是這個飽經風霜的碼頭，依舊是那些船隻，整整齊齊地拴在岸邊的木樁上。碼頭顯得有些荒廢。我快速地掃視著這座碼頭，尋找那盞閃著柔光的燈籠，尋找那位坐在碼頭上的老人，卻是一無所獲。

我放輕腳步，縱身跳到木板上，把新船繫在一根木樁上，快速走上碼頭，渴望馬上就能見到我的朋友。這次，他沒有等我，至少沒在這裡等我，於是我朝他家走去。當快走進他家前門時，發現這裡沒點燈，空氣中也聞不到燉菜的香味。來到門前，才發現有張對摺的紙，被一根小釘子釘在門上，原來是留給我的。

我飛快將它取下，打開一看，上面用黑色墨水寫著一行字。

到磨坊附近的教堂來見我，禮拜將在傍晚開始，不要遲到。

歡迎你，我的朋友。

——阿萊西奧

我把紙條上的字又讀了一遍，心想，他爲什麼要安排我到教堂去見面。我檢查了一下隨身物品，計算著走到教堂起碼要花半小時的時間。雖然在這條街不遠處的馬廄旁，停著的一輛馬車可以送我，但我還是想自己走著去。

我一邊走著、一邊把手伸進肩上挎著的那個小皮包裡，撫摸著這本日記，這個本子已經跟了我三年。自從上次與阿萊西奧重逢後，我就把自己做生意的一些經驗及一些私事記在上面，期待著與阿萊西奧一起分享這些經歷，期待著在這上面再記上幾條人生箴言。

天空中的雲散開了，月亮從雲層後鑽了出來，柔和的月光灑在我面前的小路上、灑在腳底的泥土上、灑在路旁櫛比鱗次的屋頂上。從近處的一條運河裡飄來了一縷縷熟悉的海水腥味、傳來了一陣陣貨輪駛過的聲音。這時我猛然想起多年前的那些漫漫長夜，我和菲力浦坐在這條運河邊上，仰望著星空，聽他給我講述偉大造物主的故事。

那些不眠之夜令我終生難忘。每當夜晚仰望天空時，我都會想起這麼一句話，「耶和華說，我知道我向你們所懷的意念是賜平安的意念，不是降災禍的意念，要叫你們末後有指望。」

我疾步如飛地走在夜晚的馬路上，嘴裡小聲地向上帝禱告：感激祂對我生活的庇護，如今我又面臨著種種艱難抉擇，內心非常痛苦，希望他幫助我度過眼前的難關。

前面街道的某處傳來了人們集合的聲音，我知道教堂的禮拜即將開始。記得我在碼頭上工作的那幾個月，每個星期天晚上，阿萊西奧都到這座教堂來做禮拜，很晚才回家。

5 第二次重逢

教堂在夏季的午夜舉行彌撒並不常見，但是，午夜彌撒卻成了這家教堂一種傳統。

這間教堂雖然有些簡樸，但是很美。教堂長有五十英尺、寬三十英尺，前門上方是一個巨大的拱形門廊，幾扇窗至少都有十五英尺高，從天花板一直到地面，上面的玻璃顯得有些破舊。其中一扇窗子上貼著一幅聖．湯瑪斯的照片，另一扇則貼著偉大領袖摩西的照片，他手裡拿著《十誡》。這是上帝的律法。我一邊朝教堂走著，心裡一邊想。

教堂的門敞開著，幾個人聚在屋裡。我快速地掃視一遍，卻沒找到阿萊西奧的影子，於是便悄悄地向教堂後的長凳走去，這時，有兩個身著素裝的祭壇助手從身邊經過，這讓我想起了阿萊西奧講述過的，他和菲力浦的故事，不由自主地笑了。忽然間，我聽到了一個聲音，轉頭一看，發現阿萊西奧正獨自一人坐在房間角落，一邊咧著嘴衝我微笑，一邊揮手招呼我過去。

我們彼此問候過後，便靜靜地等待著禮拜儀式的開始。

那天晚上，我坐在教堂裡，心裡不禁想起自己以前在教堂生活的那段歲月，感慨如今人生所發生的巨大變化。當初在教堂時，我學會了長時間緘口不言，但如今卻善於與人交際，這點可謂眾所周知；當初在教堂時，我和女性寡於來往，因爲我們都發過終身不娶的誓言，但如今我有生以來第一次萌發了想結婚的念頭；當初在教堂時，我一無所有，但如今卻擁有了自己的船隊和員工，並積累了屬於自己的財富。

耳邊傳來了那熟悉的聲音，禮拜儀式開始，我暫停自己的思緒，站起身來，與那晚同來參加禮拜的幾十人一起唱起了讚美詩。唱完讚美詩後，神父站在我們這些信徒面前，開始朗讀《聖經》。不一會兒，他讀到了耶穌對那個富有的青年財主所說的那段話。那段話我很熟悉。神父解釋道：「上帝告訴這位富人，把他所有的財產都變賣掉，分給窮人。」

神父說這些話時，我不由自主地注意到他的目光好像在直視著阿萊西奧，而阿萊西奧的臉上卻始終露出滿意的笑容。神父接著說：「耶穌說過，讓一個富人進入神的國，要比讓一匹駱駝鑽過針眼還要難得多。」我再次感受到神父和阿萊西奧之間那種無聲的交流，不禁對自己的財富心懷愧疚。因爲我今天的生活全是上帝所賜，應該一味地追求財富利潤嗎？我搖了搖頭，努力凝神接著聽布道。

神父又說了一會兒，便開始準備聖餐。我和阿萊西奧一起沿著中間的過道走過去領取我們的那份，並向上帝做了禱告。那晚從教堂離開後，神父在布道中所說的話一直在耳邊響著，這時，阿萊西奧的話打斷了我的思緒。

「你過得好嗎，安東尼奧？我聽說了，你的玻璃生意做得不錯。我知道你能學得很好。」阿萊西奧說話的口吻，像是一位自豪的父親。對於這點，我並不在意，因爲畢竟他是我的顧問、我的導師。

「正如您所言，我過得很好。自從上次重逢後，我切實實踐您告訴我的第一條原則，並且收到了很好的效果。我的財富增長了，而現在所擁有的財富比想像的還要多。當然，我也遇到一些新的挑戰。」說這些話時，我緊鎖眉頭，因爲想起了那些對我心懷憎意的人。一時間，我想到了那位神父。

「阿萊西奧。」

「怎麼了，老朋友，遇到什麼麻煩了？」

「是那位神父。我希望自己不要被他的話所困擾，可是，他說的那些關於富人和神的國的話，眞的把我搞糊塗了。」我膽怯地說著，像是在討論一個禁忌的話題。

阿萊西奧微笑著對我說：「安東尼奧，我明白你的感受。我早就知道神父今晚會讀到這些經文。其實他是我的好朋友，我們經常待在一起。他的初衷是好的，只不過對這句經文的意思，尚存在著某些誤解。」

「可是……」

「我明白你的意思。神父對『以富濟貧』這件事顯得十分熱心。其實，耶穌處理我們的問題時，都是一對一的，也就是說，祂把我們每個人的生活都看成是獨立的、與眾不同的。你看，當耶穌在對那位青年財主說話時，他針對這個青年財主的情況，耶穌知道這位青年財主把金錢當作偶像，想讓這位財主能從中釋放出來。而祂知道讓這位青年獲得自由的唯一方式，就是把他從被俘虜的事物中解救出來。」

「是金錢？」

「一點沒錯。」

「你是怎麼知道耶穌不是對每個人說這話的？」

「因爲在後面的幾句經文裡，信徒們向耶穌問了同一個問題，他們問道：『主啊，如果這個年輕人都不能升入天堂，難道我們這些人就能嗎？』他們之所以這麼問，是因爲他們也有出生在富人家庭的背景。」

「眞的嗎？」

「是眞的。其實詹姆斯和約翰都是一個名叫西庇太富有魚商的兒子，彼得則是他們漁業生意的合夥人。」阿萊西奧回想著從經文上讀到的話，笑著對我說。

「另外，耶穌還遇到一些相當富有的人，可他從未讓他們賣掉自己的財產，比如說魚商西庇太、扎凱厄斯、稅務官馬修斯、羅馬政府官員及尼哥迪姆等，此處僅列舉幾例。耶穌會根據個人的具體情況、內心世界及動機，予以區別對待。你還應該記住，在《聖經》的同一章裡，耶穌提過，想要進入神的國，在人不可能，但在神凡事都能。」

「是嗎，駱駝也能升入天堂嗎？」

阿萊西奧越走越快，他家就在馬路前方不遠處，屋子裡的燈亮著，於是心裡暗暗地想，應該是有人在廚房裡忙著爲我們準備晚飯。

「阿萊西奧，我去過耶路撒冷幾次，聽說在古代，爲了保護這座城市，人們在城市周圍築起了圍牆，在城牆上挖了幾個很小的門，人和動物必須跪著才能進入這座城市，而這些小門就被叫做『針眼』。」

「也就是說，讓駱駝穿過這個針眼也是可能的，只要駱駝跪下來就能做到，就像富有的人一樣。我們一定要謙卑，跪下來祈求上帝，並且一生都要堅持這樣做。」我說。

「說得好。」

「可是，今晚我聽神父說到了放棄財富是多麼重要。他警告我們說，因爲富人們生活得太舒服了，所以窮人們才會一無所有。」

當我們抵達他家時，發現前門敞開一條縫，裡面飄來蔬菜湯的味道，我的食欲隨即被挑起。阿萊西奧推門進屋，用手指著屋子中間的那張中國式餐桌說：「快過來坐下，安東尼奧，你一定餓了吧？」

我們做了禱告，接下來的幾分鐘裡，開始狼吞虎嚥喝著美味的蔬菜湯、大口吃著塗上新鮮奶油的熱麵包。阿萊西奧打破沉默開口講話，「許多人的確把金錢和財富看成是僅有的一張餡餅，」他伸手把一張水果餡餅放在桌子中間，接著說，「他們想，如果有人吃得太多了，那麼留給其他人的就少了。」他一面說、一面用刀切了一塊放在自己的盤子裡。「但這種想法是錯誤的。你看，上帝的資源是無窮無盡的，可不只這張餡餅。祂的旨意是祝福我們，以便我們可以在這地上擴張祂的國度，上帝可以按照自己的意思做足夠的餡餅。」

我也切了一塊餡餅，問道：「有人說商人獲取利益是建立在犧牲他人的基礎之上，你是怎麼認爲的？」

「問得好，問得好。這些人也同樣不能理解企業這個詞的概念。你看，當一個商人把他的產品或服務出售給一個顧客時，只要這種產品或服務是有價值的，那麼買賣雙方同樣獲益。顧客之所以獲益，是因爲他能夠使用這種新產品來改進自己的生活；商人之所以獲益，是因爲把自己生產的有價值產品提供給了他人。安東尼奧，所謂『財富就是罪惡』這樣的話，根本就是個謊言。」

吃完自己餐盤中的水果餡餅，心想，該是我向阿萊西奧請教問題的時候了。這些問題早就在我的腦海裡準備好了，只是還有幾件事一直在困擾。

「阿萊西奧，我不是想和您爭論什麼，而是有太多的問題需要和您討論。」

阿萊西奧對我點了點頭，示意我繼續往下說。

「我有幾位朋友，他們和我一起在修道院長大。他們愛上帝，也愛我。他們經常對我說上帝不想讓我成爲有錢人。還告訴我，上帝想讓我過清貧的生活，就像那些修道士一樣，向上帝發誓要過一輩子清貧的生活。」

「這完全是兩碼事。」阿萊西奧把餐盤推到一旁，雙手合攏放在面前，胳膊肘支在餐桌上。見此情形，我便知道他要發表自己的重要觀點了。「《聖經》上清楚寫到，『親愛的弟兄啊，我願你凡事興盛、身體健壯，正如你靈魂興盛一樣。』現在，我明白了，你的那幾位朋友一定也是按照上帝的旨意去做的，因爲他們是傳道士，是以自己的方式去遵從上帝的旨意，所以他們以此爲榮，他們也因此而得到上帝的保祐，只不過得到保祐的方式和我們不同。你一定要知道，上帝渴望你的靈魂是健康的，這點比什麼都重要。也就是說，上帝想要對你有親密的了解、想要成爲你生命的一個重要部分。」

「上帝又是怎樣讓我們擁有一切，或者是讓我們一無所有？」

「耶穌讓我們把死後升入天堂作爲首要的追求，我們想要的一切都是隨之而來。上帝說，『你一定要讓主高興，祂就會讓你的夢想成眞。』也就是說，如果你讓祂高興，追隨祂，信仰祂，祂自然會思你所思，想你所想。你只要在心中把上帝放在最重要的位置，祂就會讓你的所有夢想變成現實。切記，雖然上帝能夠揣摩我們的心靈、了解我們的心思，但是我們一定要愛祂，是因爲祂是上帝，而不是因爲祂能給予我們想要的。」我全神貫注地聽他說著，他的這些話對我來說很新鮮，不想漏掉半個字，恨不得當晚離開他家前，就把它記在我的日記本上。」

「切記，雖然上帝能夠揣摩我們的心靈、了解我們的心思，但是我們一定要愛祂，是因爲他是上帝，而不是因爲他能給予我們想要的。」我全神貫注地聽他說著，他的這些話對我來說很新鮮，我不想漏掉半個字，恨不得當晚離開他家前，就把它記在我的日記本上。

* * *

胡里奧坐在那兒，全神貫注地聽祖父講他和阿萊西奧的第二次重逢，無意間低下頭，看見擺在桌上那個包著皮革的日記本。胡里奧瞥了祖父一眼，看見他在向自己點頭示意，於是伸手翻開下一頁，就在這頁的中間寫著兩行字，他大聲讀了出來。

準則2

經濟上的富有和靈魂的昌盛是息息相關的。

胡里奧把這些至理名言記在了心裡。

「我想我現在明白這句話的意思了，爺爺。你們的第二次重逢就這麼結束了嗎？」

安東尼奧咧著嘴笑了笑，說：「還沒結束，我還有一件事沒問阿萊西奧呢。」

＊ ＊ ＊

記得那天吃完晚飯後，我倆誰也沒有說話，過了好一會兒，阿萊西奧開口，我們聊起了心靈富有的重要性。

「安東尼奧，除了生意外，你在其他方面都好嗎？」

「都好，就是有一件事……」

「是嗎，快說來聽聽。」

「嗯，這事和一個女孩有關。」我說著，緊閉上雙眼，因爲這樣就看不到阿萊西奧的表情了。

他的表情我沒看見，但是卻聽到他的笑聲。他的笑聲很大，持續了很長的時間，笑得肚子有節奏地抽動著，我感到肘下的中國餐桌也劇烈地顫動著。我試探的睜開眼睛，慢慢地將目光投到他臉上，看到他的鬍鬚，還有藏在鬍鬚後的笑容，緊張的心情漸漸放鬆下來。因爲我知道他會就這個問題給我一些建議，而且這些建議要比任何懲罰都有價値。這麼多年來，我一直在觀察他和他的妻子，我覺得他們夫妻間的那個祕密，一定對我有所幫助。

「一個女孩？她叫什麼名字？」他笑著問我。

「瑪麗亞。她是個完美的女孩。我之所以這麼說，因爲我們兩人有很多共同點，菲力浦也很喜歡她。還有，她很會逗我笑。喔，我還忘了一點，她是當地最漂亮的姑娘。」

「好，看來我不能就這個問題給你提供太多的建議了。只要你知道自己能給她想要的生活，那就繼續發展你們的關係吧。」

「給她想要的生活？」我問道。

「是的。上帝把一個不顧家的男人和一個沒有信仰的男人做了比較，他認爲前者比後者更卑鄙。因此，在娶她過門前，你要能夠照顧她。結婚後，你要心甘情願地爲她去做一切的事。這是上帝的原則，不是我的原則。」

我把日記本翻過一頁，看見上面寫著：

準則3 一個男人必須盡其所能來供養家庭。

我向阿萊西奧保證，我能給這個女孩想要的生活。我告訴他在過去的三年裡，貿易珠子爲我帶來了一小筆財富。他點頭同意了。我們倆邊說邊笑，直到次日凌晨時分。然後，他把我送到港口，我自豪地帶他看了我的新船，準備離開。記得向老朋友揮手告別的剎那，想起下次見面將是三年後，眞有點等不及了。我承諾要做好將來的每一件事。

我不能再出更多的差錯。

6

第三次重逢

一個聰明人，把房子蓋在磐石上。
雨淋，水沖，風吹，撞著那房子，
房子總不倒塌，因爲根基立在磐石上。
（馬太福音 7：24-25）

我永遠也不會忘記那個晚上。就在那天晚上，我和米洛斯剛剛清點完當日貿易珠子的存貨清單。米洛斯是我的銷售經理，也是我的好朋友。我是在去希臘談生意時與他結識的，當時，他是名石匠，在爲當地的一位商人工作。米洛斯的家族是希臘的石匠世家，五代人都以此行當爲生，家中兄弟四個，他排行老四，三個哥哥同他一樣，都選擇了石匠這個世代相傳的家族事業謀生。在與他的聊天過程中，我發覺儘管他熱愛自己的工作，但是更渴望新的挑戰。我們有許多共同點：熱愛生活，喜歡手工藝，喜愛釣魚。當我向米洛斯提出，希望他加入到我的珠子生意時，他欣然接受了。我倆很快就成了無話不談的好朋友。

因爲我們對彼此的公司都很感興趣，所以在一起時除了規畫公司的未來，就是去釣魚。米洛斯剛到穆拉諾島時只有二十二歲，身高卻有一米八，比這個小島上的其他人都高，光憑這點，他不費吹灰之力就成了當地的名人。他學習快，工作又賣力，所以很快便被拔升至公司的管理階層。幾個月內，又被拔擢爲首席設計師。有了米洛斯在生產線把關，我專職負責日常經營管理工作，公司開始有了新的起色，交易額增長得比我們預想得還要快。原有的玻璃廠已經滿足不了需求量，於是我們開始著手籌畫著擴大生產規模。

至今記得，當時我和米洛斯正朝著碼頭方向走，準備收拾船，如約前去拜訪阿萊西奧。就在那時，我們聽到一種聲音，那是從我們工廠方向傳過來的一種「轟轟」聲響。我倆轉過身順著響聲的方向看，驚呆了，只見一大簇火焰直衝天際，足足有一百英尺高。待我們回過神來，立刻拔腿狂奔。

我的雙腿就像失去控制一樣，跌跌撞撞地跑著，跑到離著火建築物約一百二十英尺處。伸出雙手，試圖想要阻止建築物倒塌，但這一切僅是徒勞。我迎面倒下，臉砰的一聲撞在地面上，整個身子狠狠地摔在海灘上，衣服被貝殼刮破，胸膛上沾滿沙子。米洛斯停下腳步，轉回來把我從地上拉了起來，我倆相互攙扶，繼續朝著著火的地點艱難地跑去。

最先著火的是廠房東側，只見整個東側廠房被熊熊燃燒的大火吞滅，頃刻間便倒塌在地。幾名工人已經趕到現場，想方設法要救火。我讓他們從廠房到海灘排成一縱隊，用木桶把水運到現場，雖然這點水根本無濟於事，但他們還是不停地工作。

這座老廠房已經有五十幾年的歷史，高不到十二英尺，屋頂和四面牆全是由島上砍來的原木做成的，雖然不是很起眼，卻在生產中發揮它的作用。原來的廠房只有二十英尺寬、五十英尺長，最近我和米洛斯又把廠房拓寬了三十英尺。

六年前，買下這座工廠時，便派了一名保安看門。值得慶幸的是，廠房失火時只有他一人在現場，此刻我看到他正安全地站在前門附近，而旁邊已是一片灰燼。

廠房北側的牆開始搖搖欲墜，在牆下不遠處就是救火的工人們，不知是誰大喊了一聲，工人們及時地躲開，只見二十多英尺高的一段牆「轟」的倒了下來。大火把附近的棕櫚樹葉也一併吞噬，後來我聽說，鄰近的幾座島上居民都看到了這場大火。

廠房不遠處就是港口。還沒等我們把船隻移開，火焰便點燃了港口，開始向停泊在港口的這些船隻延燒過去。待大火燃燒殆盡，天已經亮了，晨曦中瀰漫著濃煙的味道。米洛斯朝我走來，伸手遞給我一個小木盒子，上面寫著幾個字，是他用灰燼中撿來的木炭寫的。我發現他的臉部嚴重燒傷。

等他轉身離開後，我打開木盒，發現裡面有四枚小玻璃珠子，還有一張羊皮紙，上面畫著一些簡圖。我想這些珍貴的簡圖一定會讓我銘記此次災難。我曾經美好的生活、曾經輝煌的事業、曾經豐厚的財富，如今僅剩手中這只小小的木盒，望著它，眼裡充滿淚水。「完了！」我自言自語，慢慢蓋上了盒子。

我一個人待在那裡，開始埋頭哭泣。我失敗了。手中木盒滑落地上，不經意間，看到米洛斯寫在盒子上的那幾個字，「這不算什麼，我們還可以重新開始。」他彷彿曾經歷過這樣的失敗。回想起米洛斯和他在希臘的家人，如今米洛斯投靠了我，我可眞是沒用，讓他也受到牽連。

我的胸口一陣劇痛，疼得難以忍受，感到一陣噁心，直想吐，雙腿卻像灌了鉛似的，一屁股坐在了附近的一個船塢上。「上帝啊，爲什麼要這樣？爲什麼？」我哭訴著，感覺特別無助和恐慌。

就在此時，感到有隻手撫摸著我的肩膀，趕緊抹了抹臉上的眼淚，試圖掩蓋自己的情感，抬頭去看身後的那張臉。其實不用看，也知道身後的人是我的妻子，瑪麗亞。她還像初認識時那般美麗，長長的黑髮，白皙的皮膚，和村裡那些長相平凡的女孩們截然不同。之前，她在父親的漁船上和男人一起辛苦工作了兩個夏天，相當懂得努力工作的重要性，這未嘗不是件好事。可是現在，她剛懷孕三個月，又要爲這個家忙裡忙外了。

時至今日，所有的一切彷彿都變了，我們的安全感、我們的希望、我們的夢想全化作泡影。就在看到瑪麗亞的那一刻，我再也抑制不住眼中的淚水，淚珠就像斷了線的珍珠般滑落，人也從石頭上跌下，雙手緊緊抓住她的腳踝，身體蜷縮成一團伏在地上。她俯下身子蹲在身旁，一直陪伴著我，用手擦去我臉上的汗水、淚水和灰塵，貼在耳邊輕聲對我說：「不要怕，親愛的，我會永遠愛你。我們從頭再開始，我們還可以從頭再來。」她柔情的聲音讓我心裡感到非常溫暖，至少在那一刻，我信了她的話。既然眼前發生的一切已無可挽回。於是我站起身來，和她擁抱在一起。

「安東尼奧，如果上帝想讓我們這樣，我們能拒絕嗎？」

我正要開口說話，她卻用手捂住我的嘴，「噓，我們回家吧，家裡有人等著見你呢。」

我們小倆口開始朝村子的方向走。這時，初升的太陽剛好躍出地平線，浮在海面上，霞光萬丈，水面上波光粼粼。

兩年來，每天早上我都會走在這個小島上，但從沒有停下來觀看日出。

我忽然想起手中拿著的這個破木盒：有它在，我們還可以再重新開始。快到家時，發現村裡人都在盯著我們，可是卻沒有一個人開口。在這麼一個特殊的日子裡，我不知道他們爲什麼會這樣，也許是因爲他們都像我一樣沒有勇氣說話，也許是因爲他們想用這種方式來羞辱我，也許是因爲他們不知道該說些什麼。

然後，我看到了他——阿萊西奧，坐在我家房前的一條板凳上，和我那隻名叫西仔的貓靜靜地玩耍。西仔是隻白色波斯貓，是我從威尼斯帶回來的。就在那一刻，我想：阿萊西奧是否已經知道剛剛發生的一切呢？只見他站起身來伸出雙臂擁抱我。

寒暄幾句後，阿萊西奧把我領進廚房，開始繼續準備他所謂「最可口的威尼斯風味早餐」。雖然他沒必要自己做飯，但他認爲做飯是門藝術，並以一位偉大的藝術家自詡。事實是，他確實稱得上是一位藝術家，因爲他有過幾次機會受邀去爲那些常到威尼斯訪問的外國元首準備晚宴。我和瑪麗亞在前屋等著，阿萊西奧在後面的廚房裡「叮叮噹噹」地忙了起來。他一邊做飯、一邊哼著小曲，還不時笑著。

我心裡嘀咕著「我都成這個樣了，他怎麼還這麼高興？他一定是知道了些我所不知道的祕密吧」。我想一定是這樣的。

當我們在廚房旁的房間裡坐下時，才意識到自己已有好多年沒有眞正坐下來吃頓

6 第三次重逢

早飯。我每天的生活通常都是在碼頭上或是在奔波忙碌中開始的。當阿萊西奧端著一大盤雞蛋、羊腿和番茄進屋，我笑了，這還是火災後我第一次笑。儘管當時我一點也不餓，但還是強迫自己吃了些食物，強打起精神和我的老朋友聊天。期間，妻子一直陪在身邊，那隻波斯貓則蜷伏在桌子下，我頓然有了安全感。

我們談了一小會兒的話，阿萊西奧隨即轉入正題，「我從朋友那聽說了你的事，他昨晚也在這座小島，在離失火現場不到一公里的地方從船上卸機床。他認爲是熔爐的熱量太高，最終把廠房的木頭給點燃了。」

「阿萊西奧，那場景太可怕了！當時火勢非常猛烈，我們還沒來得及組織人員施救，半座廠房就給燒沒了。儘管我們已經盡力去挽救了……能做的都做了。」我故作鎮靜地對他說。

「我知道，我的朋友。我知道這一天對你來說有多艱難。但事已至此，就不必後悔了。不是還有我嗎？」他長滿鬍鬚的臉上露出了笑容，邊說邊不停祈禱。

我第一次注意到他的眼角已長出魚尾紋，只是臉上的笑容更多了，笑聲也更加爽朗。五十五歲，身體健壯，頭腦靈活，過往歲月給他帶來的好處是，性格中的鋒芒與稜角已隨著年紀的增長逐漸磨平。

「謝謝你來看我。」我對他說。在我倆相識的這些年裡，這是阿萊西奧第二次來穆拉諾島。第一次是在我和瑪麗亞結婚那天，他出乎意料地給我們帶來了一船賀禮，其中包括四名歌手和一名雜技演員，爲婚禮獻藝祝賀，全程高潮迭起，給了大夥兒一個大大的驚喜。今天他又來了，在我最需要他的時候出現，來爲我加油打氣。

吃完早飯後，瑪麗亞去了廚房，屋裡只留下我和阿萊西奧兩個人。我努力找話題和他聊天，但想了半天還是決定要徵求他的意見，便開口問道：「我現在該怎麼辦？」

「你說這話是什麼意思？」阿萊西奧問道。

「我是說一切都沒了，我現在成了一個窮光蛋。我必須找點新的事情做。其實整個早上一直在想，自己或許應該回到修道院去生活。可是，我不能那樣做，因爲我捨不得瑪麗亞。或許我應該到附近的某個地方去工作。阿萊西奧，請告訴我，我的職業生涯是不是已經結束了？」

「你爲什麼要這麼說？」

「很顯然，上帝已把我的生意之門給關上了，不然，祂爲什麼要把我的工廠給燒掉？」阿萊西奧的臉色變得嚴肅，那天早上我第一次看到他有這種表情，很顯然，他並不同意我剛說過的話。

「安東尼奧，認眞聽我說，我有一個很重要的經驗要教給你。有些人之所以葬送了自己的前途，是因爲他們對自己失去信心，夢想也就隨之破滅了。」我第一次對阿萊西奧的話感到不耐煩，心裡暗暗想「都什麼時候了，他怎麼還這麼說？」。

「安東尼奧，記住：如果你不懼怕失敗的話，那麼失敗就不可怕。試著想一想，如果蝴蝶不破繭而出，牠們就會死亡；如果小雞不破殼而出，牠們就會喪生。」

我點點頭。

「安東尼奧，上帝是所有好事的主宰者。祂想給予我們的是祝福而非悲劇。可是，祂也經常會給我們的人生安排一些困境，這樣我們才能感受到祂的偉大。若是我們遇到困難時不迎難而上，去戰勝困難，就不會變成上帝想讓我們變成的樣子。我再問問你，你的玻璃珠子是怎樣製成的？」

「噢，先把玻璃加熱，然後造型，再加熱，再……」

「這就對了。如果這些玻璃不經過高溫，能成就你的偉大事業嗎？事實上，不是高溫使玻璃有了最後的形狀和色彩嗎？」

「我明白了。或許上帝正在試圖告訴我：祂要把我生命中的一扇門給關閉了；或許祂正在試圖引起我的注意；或許祂是想讓我回到修道院去。」

「這些都有可能。但是最有可能的是，上帝爲了偉大的事要你準備。這次火災或許是你人生中遇到最重要的一次考驗。而一遇到困難就認爲是上帝把那扇門給關上了，將是我們對上帝最大的誤解，這點一定要記住。事實並非如此，更多時候，祂是在爲你準備一份特殊的禮物。請銘記這句話：

準則4

「你所遇到的困難不僅鍛鍊了你的品格，還為你承受祝福預做準備。」

「所以說，失敗是上帝給予我們的，因此我們……」

「上帝會給予我們各種挑戰，安東尼奧。」

「好，上帝給予了各種挑戰，我們就能磨鍊自己的品格，把自己打造成上帝所希望的樣子嗎？」

「沒錯。而且還不僅這樣，祂會通過各種挑戰使我們更加剛強、更有影響力。」

「阿萊西奧，救火時我無意間聽到幾名工人說，是魔鬼把我們的工廠給吞噬了。

說實話，我開始在想這罪惡就是我自己。你認爲我的想法對嗎？」

「是啊，安東尼奧，我們經常會把錯誤歸咎於敵人，這場大火確實『像吼叫的獅子，尋找一切可吞吃的人』[1]。它試圖殺死我們，偷走我們的財產，將我們徹底毀滅。」

「這麼說來魔鬼就是它啦！」

「還不能這麼匆匆定論。昨晚這裡發生的一切可能不歸咎於敵人，而是另有原因。」

「另有原因？」

「是的。我們有時會把自己的一些境遇歸咎於上帝或敵人，其實這些事情都有其發生的原因。就你的情況來說，其原因就是你的這座廠房當初只是按照一到兩座熔爐的規模建造的，而你卻在這裡架起了好幾座熔爐。這些熔爐散發出來的熱量太大，最終導致廠房失火。所以說導致這場火災發生的原因很簡單，並不像你想的那樣，是魔鬼吞噬了你的工廠。」

阿萊西奧的話眞是一語中的，我感到一點點愧疚。「我知道了。我想這就是你要告訴我的另一條經驗吧？」

「是的。」

準則5

「要敢於為自己錯誤決定所導致的後果承擔責任。不要把責任轉嫁給他人。」

「可是我現在該怎麼辦？我的工廠沒了，我的珠子沒了，我的船隊沒了，我現在

譯註：

❶「你們要謹慎、要警醒。你們的仇敵魔鬼就像咆哮的獅子走來走去，尋找可吞吃的人。」（彼得前書5：8）

身無分文了。」

「首先，必須認識到你所面對的並不是什麼羈絆，而是人生的一個新臺階。只要你有決心，就能利用這次機會把你的生意做得更強、更大。」

「可是，我該怎樣做呢？」

「你不是曾經告訴過我，你和米洛斯正在籌畫要建造一座新工廠嗎？」

「噢，對啊，可是我……」

「好，既然你們已經初步籌畫此事了，不是早晚都要付諸實踐嗎？只不過現在要比你們所希望的時間早一點。安東尼奧，你現在要把此次事故當作壯大自己的催化劑。而你，別無選擇。」

＊　＊　＊

胡里奧插了一句話，打斷了祖父，「爺爺，你又學到了哪條原則？阿萊西奧又教給你什麼經驗？」

安東尼奧伸手把那個已經泛黃的日記本翻到下一頁，微風吹來，把那一頁頁泛黃的紙吹得「唰唰」作響。胡里奧翻到那一頁，慢慢地讀著。

準則6

不要把挑戰看成絆腳石，而要看成鋪路石。

胡里奧不想把這些寶貴的經驗給忘了，於是把日記本翻到前面，將這些經驗從頭又溫習了一遍。

此刻，陽光開始斜射在高高的聖彼得大教堂上，胡里奧這才發覺再過幾小時就要天黑了，接下來的時間對他而言是多麼寶貴。安東尼奧深深地嘆了口氣，注視著胡里奧的雙眸。

「就在那年，我和米洛斯開始努力重建我們的工廠。令我們感到意外的是，幾個大客戶都派了工人前來幫忙，因此在短短的幾個星期內，一間全新的工廠就建造完畢。接下來的生意發展得非常快速，僅新工廠投產的第一年訂單數，就要比前六年的訂單總數要大。這次的挑戰把我打造成一個更成功的人士，這點毋庸置疑。現在我有幸擁有一個更大的公司、僱用更多的工人，同時也遇到更多的挑戰。」

「有幸遇到更多的挑戰？」

「是的，胡里奧。我學會了如何面對挑戰。在接下來的三年中，我遇到了更多的挑戰，只是不知道該如何應付這些挑戰，我只能等。」

「你在等什麼呢？」

「當然是等著下一次見面。我和阿萊西奧的下一次見面。」

7

第四次重逢

你們要過去得爲業的那地，
乃是有山、有谷、雨水滋潤之地，
是耶和華你神所眷顧的。
從歲首到年終，
耶和華你神的眼目時常看顧那地。
（申命記 11：11-12）

當我來過運河的轉彎處時，意識到自己和阿萊西奧此次的重逢，具有非常重要的意義。河岸上高樓林立、燈火通明，這番景象讓我想起三年前親身經歷的那場可怕火災，當時，巨大的火焰吞噬我的工廠、照亮小島的上空。可如今，當初發生的一切已逐漸淡忘，我在經歷了一次又一次的巨大挑戰，成就了今天的偉大勝利。這又一次證明阿萊西奧說的話是正確的。

那場火災發生後，我重建了我的工廠，還認識了幾位來自中國及西班牙的重要商人。他們決定要把我的威尼斯珠子做為首要的流通貨幣來使用。在歷經滅頂之災時，是阿萊西奧的主意拯救了我。這些從東方和西班牙來的新訂單，使我小島上的工廠很快便超出負載，那年年底，我和米洛斯就籌畫著再次擴建工廠。在阿哈默德出現前，這一切進行得都很順利，應該說非常順利。

提到阿哈默德，腦海中立刻浮現出這個商業強盜的形象，他長得很嚇人，一想到他的臉，脖子後的汗毛都會豎起。他的顴骨高高凸起，把兩隻耳朵都遮住了，活像一當我來過運河的轉彎處時，意識到自己和阿萊西奧此次的重逢，具有非常重要的意義。河岸上高樓林立、燈火通明，這番景象讓我想起三年前親身經歷的那場可怕火災，當時，巨大的火焰吞噬我的工廠、照亮小島的上空。可如今，當初發生的一切已逐漸淡忘，我在經歷了一次又一次的巨大挑戰，成就了今天的偉大勝利。這又一次證明阿萊西奧說的話是正確的。

那場火災發生後，我重建了我的工廠，還認識了幾位來自中國及西班牙的重要商人。他們決定要把我的威尼斯珠子做爲首要的流通貨幣來使用。在歷經滅頂之災時，是阿萊西奧的主意拯救了我。這些從東方和西班牙來的新訂單，使我小島上的工廠很快便超出負載，那年年底，我和米洛斯就籌畫著再次擴建工廠。在阿哈默德出現前，這一切進行得都很順利，應該說非常順利。

提到阿哈默德，腦海中立刻浮現出這個商業強盜的形象，他長得很嚇人，一想到他的臉，脖子後的汗毛都會豎起。他的顴骨高高凸起，把兩隻耳朵都遮住了，活像一

7

第四次重逢

你們要過去得爲業的那地，

乃是有山、有谷、雨水滋潤之地，

是耶和華你神所眷顧的。

從歲首到年終，

耶和華你神的眼目時常看顧那地。

（申命記 11：11-12）

四根桅杆上的船帆有甲板那麼寬，有七十二英尺，在高空中飄揚，帆布上繡著與船首一樣的龍圖案。我忽然醒悟，這不正是阿哈默德的船嗎?!眾所周知，阿哈默德用龍圖案做爲他的商業標誌。

我掃了甲板一眼，看到幾個人來來回回忙著搬箱子、操縱船帆，卻沒見到阿哈默德的人影。

當帆船經過我房間時，阿哈默德露面了。他的腰間纏著一條白布，好似鑲了金邊，袒露著胸膛，脖子上戴著一枚金色大獎章。他肌肉非常發達，我馬上相信那些關於他鬥鱷魚的傳說。他站在那裡，雙手扶在欄杆上，雙眼直視河岸，手腕上戴著黃金手鐲，手指緊緊地抓住欄杆，手臂上的靜脈高高凸起。

就在那一刹那，直覺告訴我，應該轉身逃走，但我還是鼓足了全身勇氣站在那裡，也擺出了和阿哈默德一樣的姿勢，站在陽臺上，雙手握著石頭欄杆。此刻，他離我大約兩百英尺，我們倆將有一次短暫又近距離的邂逅。我手裡握著送信人給我的那封羊皮紙信，心想著信裡寫的是什麼內容：這是一份商業邀請函嗎？不，也許是幾句威脅的話，甚至更糟，是一張判決書。

我目不轉睛地看著他，而他則是第一次把頭轉了過來，臉上沒有一點笑容，目光從未自我身上離開過。迎著落日的餘暉，他的那雙眼睛深深地印在我心裡。船從我房前駛過，他又看了我好一會兒，然後才轉身進到船艙。

當時我心跳加速、呼吸急促，手心的汗滴滴答答不斷冒出。我趕忙將手中的那封羊皮信打開，汗水把信紙浸透了，上面的字跡有些漫漶，可是，我還是讀懂了上面那些漂亮希臘文字的意思。

> 我一直在關注你，現在是我們見面的時候了。三天後的晚上，駕船來摩洛哥附近的珊瑚島見我，就你一個人來，不要帶任何同伴，具體事宜見面後詳談。

信紙上塗了一層蠟，上面蓋著枚龍頭印章。我坐在房間裡的一把小椅子上，把信紙的字從頭到尾又讀了好幾遍，「他爲什麼要見我？」那天晚上我在房間裡不停地走來走去，大腦一直在想這個問題，恨不得馬上就離開小客棧，回到瑪麗亞的身邊。第二天一大早，我便踏上回家的路途，馬上就能和阿萊西奧見面了，在我和阿哈默德如約見面前，還有充足的時間徵求他老人家對此事的看法，想到這裡，我便心生感激。

一想起和這位商業海盜邂逅的那一刻，不由得打了個寒戰，但當客船駛近威尼斯運河的一剎那，頓時有了安全感。夏日的夜暖暖的，遠處傳來了孩子們的嬉戲聲。我想起我的小兒子瓦倫蒂諾，想立刻將他抱在懷裡，聽著瑪麗亞給他唱搖籃曲。一輪明月懸掛在上空，灑下金色的光輝，它看起來離我們那麼近，彷彿伸手能及。忽然，遠處傳來了一陣笑聲，掩蓋了孩子們的嬉戲聲。那笑聲非常爽朗、富有磁性，聽起來是那麼熟悉，一聽就是阿萊西奧。

他正和幾名碼頭工人待在一起，雙手在頭頂擺來擺去，一看便知他在給他們說故事。當他看到我的船，一邊揮手一邊呼喊，向我飛奔過來。

我們擁抱在一起。他幫我把一個箱子卸下船，這箱子是他讓我從摩洛哥捎回來的，還告訴我，「這是我要送給這條街上那位神父的禮物，是爲教堂塑造的雕像。」

隨後我們便去了他家，在那張再熟悉不過的餐桌前坐了下來。我發現餐桌上有塊燒焦的痕跡，有一處圖案裡浸滿了蠟油。

「這是蠟燭倒了給燒的。」阿萊西奧告訴我。

我笑了。不一會兒，熱騰騰的飯菜就擺在面前。我一邊吃著飯、一邊給阿萊西奧講述這三年來所有發生的事。我告訴他，我們工廠重建了；我告訴他，我的兒子瓦倫蒂諾出生了；我告訴他，自己又開發了幾條新的貿易路線；我告訴他，我和瑪麗亞在海灘上蓋了一幢新房子。我們說著、笑著，忽然發覺眼前的這位老人、這位偉大的商人、這位陪我走過人生風雨的導師，不知不覺中已成了我的知己。

我們聊得非常盡興，阿哈默德的困擾早被拋到九霄雲外。這時阿萊西奧的一名雇員，一個個子高高的、留著長長黑髮的希臘男子走了進來，他的黑髮讓我想起了前幾天見到的那位商業海盜，我沉默了好一會兒。

「怎麼了，我的朋友？」阿萊西奧問道。

「阿哈默德，我想起了阿哈默德。」

阿萊西奧以爲我在和他開玩笑，繼續嘻嘻哈哈地說：「噢，原來是大海上的那個幽靈啊。我再給你講個關於這人的故事，和我當初說的故事很像，你想聽嗎？」

「不，阿萊西奧，我見到這個人了。」

阿萊西奧從椅子上站了起來，盯著我的雙眼，壓根不敢相信自己的耳朵。「你是說你遇到了那個商人，阿哈默德？快說，伙計，到底發生了什麼事？」

我把手伸進外套的衣兜裡，把那張摺好的羊皮紙信拿了出來，「我在摩洛哥期間，他讓人把這封信交給我。」

我把信遞給阿萊西奧。他小心翼翼地打開信，彷彿對上面的蠟封格外感興趣。

過了好一會兒，他才開口說道：「好一封獨特的信。快給我講講事情的來龍去脈。他這個人長什麼樣子？」

阿萊西奧一直夢想著有天能和阿哈默德相遇，他不想漏掉關於這個人的每個細節。在接下來的一個小時裡，我給他講了我住的那家小客棧、那艘豪華的大帆船，還有那個長著一雙凶神惡煞般眼睛的人。聽完我的講述後，阿萊西奧又坐回椅子上，嘆了一口氣。

「我現在該怎麼辦？」我問道。

「你什麼意思？當然是去和他見面啦。」

「你沒瘋吧？他是個幽靈、是個海盜、是個殺手。再者，如果他另有所圖的話，我也不知道該如何應付他啊！」阿萊西奧知道我在生意場上敢衝敢闖是出了名的。只要我想做的事，總是竭盡全力完成。雖然自信與堅定確實曾讓我深陷困境，但是同樣也成就了今天的我。

「你還有什麼可害怕的？」阿萊西奧笑著問我。

「嗯，事實上，他也應該有容易受到鱷魚攻擊的軟肋，我一直在考慮這個問題。」

「接著說。」阿萊西奧催促我說。

「就在上個月，我去修道院看望了菲力浦和我的幾個朋友。我們聊到了溫柔的重要性，一直聊到深夜。幾位修道士告訴我，在生意上過於強勢是錯誤的。總而言之，他們告訴我，耶穌說過：溫柔的人必承受地土❶。」

「安東尼奧，我再告訴你一件事，其實你剛剛說的是對《聖經》的另一種誤解。那幾位修道士說得沒錯，溫柔的人必承受地土這點也沒錯，上帝想讓我們成爲溫柔的人更是沒錯。但是，上帝想讓我們對祂溫柔，而不是對他人溫柔。」

譯註：

❶溫柔的人有福了，因為他們必承受地土。（馬太福音5：5）

「你的意思是生意上可以強勢些？就像阿哈默德那樣強勢也可以嗎？」

「噢，不要把話扯得那麼遠。上帝希望我們是善良的，這一點也沒錯。但是既然祂爲你鋪了這樣一條路讓你走，也不是沒有原因的。他希望你活著是討祂喜悅，而不是討人喜悅。」

「所以你認爲我應該如約去和阿哈默德見面嗎？」

「當然應該去。誰知道上帝的旨意呢？去和他見面，並且要靠著你所信的剛強。如果必要的話，還可以更強勢一些。這是上帝造你的樣子，祂會引導你的。」阿萊西奧的手伸過餐桌把羊皮紙遞給了我。

我已經告訴了瑪麗亞，如果我認爲阿萊西奧的作法是明智的，和他重逢後，就直接返回摩洛哥。我在腰間綁了一把鋼刀，調過船頭，披星戴月朝著地中海的方向駛去。小船順著洋流而下，伸手找到了那本用皮革封皮的日記本，就是這個小本子裝著我人生歷程的那些祕密，於是我停下來把剛學到的經驗記在上面。

＊　＊　＊

一聽到海盜、鋼刀、冒險這些字眼，胡里奧立刻興奮起來。他簡直不敢相信自己的耳朵。祖父在他的眼中馬上成了一位大英雄。

「爺爺！您真的去了嗎？」

「當然去了，不但去了，還發生了好多事呢。」

「我想聽聽你和阿哈默德的故事是怎麼收尾的。可是，現在……爺爺，您在本子上記了什麼？第四次重逢你又學到了什麼樣的準則？」

安東尼奧再次打開日記本，胡里奧驚奇地看到那頁上貼著一張牛皮紙，那張羊皮紙塗著一層蠟，上面印有一枚龍形的印章，寫著「阿哈默德」的落款清晰可見。能親眼看到這張羊皮紙信，胡里奧驚喜得連嘴都合不攏。然後他繼續讀下面的一行字。

「接下來怎麼樣了，爺爺？你和阿哈默德怎麼樣了？」

「胡里奧，接下來發生的事讓我終生難忘。」

* * *

我拋了錨，把船停下，上了一葉小舟往小島的方向划去，心裡一直在胡思亂想，想著也許這一去就再也見不到我的妻兒了。

我看到了阿哈默德在信裡描繪的那片海灘，阿萊西奧的話又迴盪在耳邊，「在他人面前要勇敢。」

皓月當空，海面上波光粼粼，海水拍打著岸邊，空氣中飄著一股鹹滋滋的鹽味，還夾雜著榴槤熟透了的味道。海灘上稀稀落落地長著幾棵棕櫚樹，唯獨不見阿哈默德的蹤影。當我划著小舟快到岸邊時，感覺自己的心跳加快。

還沒等小舟划上沙灘停下，我就跳進了水裡，把小舟拴在附近一根漂浮著的原木上。掃視了一下沙灘，除了那些迎風搖擺的棕櫚樹外，什麼也沒看見。我的心跳恢復正常，心想自己是不是被一場惡作劇給耍了。就在這時，我看到了他。

他像是從天而降，正站在離我不到五十英尺的地方。我忽然又緊張起來，心裡想著要不要立刻跳上船，返回穆拉諾島。

「在他人面前要勇敢。」我對自己說。

於是，我向前邁開了腳步，不慌不忙地朝阿哈默德走去，他卻一步也沒動。等走到離他四英尺處，我伸出右手，呼吸也跟著急促起來，腦袋裡閃過一個念頭：他會不會把掛在腰間的刀子拔出來？只見他也伸出右手來和我握手，我那顆懸到嗓子眼的心這才掉回肚子裡。那個夜晚，我們倆在沙灘上說的話雖然不多，卻意義非凡。

「我正在把我的貿易向這片海域擴展，現在需要一種新的、用於交換的貨幣。這些東西是一位朋友給我的。」阿哈默德伸出一隻手，手裡拿著五枚威尼斯貿易珠子。

「我想使用這些珠子。我很想和你簽約，請你爲我的船隊供應貿易珠子。」

聽到這些話後，我頓時愣住了，心想自己是不是聽錯。爲了確認自己沒聽錯，我問道：「你的意思是想買我的珠子做爲你生意的貨幣來使用？」

阿哈默德笑了，這是我第一次看見他笑，黝黑的臉龐上露出了兩排潔白的牙齒。

「是的，我是這麼想的。噢，還有，我還要爲這次特殊的見面方式向你深表歉意，因爲卡薩布蘭卡市那個地方隔牆有耳。隨著貿易的增長與擴展，我結交了很多朋友，但也結下了幾個敵人，結下敵人的原因是：我的管理科學，船隊的運輸效率高，所以提供的產品價錢相對要比同行競爭者低很多。」

「這就是爲什麼你要選擇在這個荒島和我見面的原因？」我問。忽然間，我發現眼前的這個人和傳說中所描述的根本就不一樣。他不僅一點也不凶狠，反而頭腦睿智，並且善於表達。那晚，我們沿著海灘散步，商討著各種可能的合作機會，對他的敬慕之心油然而生。

第二天早上，我揚帆離開小島，耳邊傳來海浪衝擊海岸的唰唰聲，阿萊西奧的話又在我的腦海中回響：在他人面前要勇敢。我一邊揮手和阿哈默德告別，踏上回鄉的旅程；一邊在心裡默默感謝我的朋友，感謝他給我的建議。

從那之後，我的生意擴展到了非洲、印度、埃及等海外的國家和地區，以及其他一些島嶼。我也經常陪著阿哈默德去非洲沿岸的各個國家，還去了亞洲。僅僅幾年間，我全球通用貨幣的夢想便實現了，生意增長得非常快，這點是我做夢也沒想到。我很快便成了世界上最有影響力的商人，名聲享譽海內外。

8

第五次重逢

因爲主必親自從天降臨，

有呼叫的聲音和天使長的聲音，又有神的號吹響；

那在基督裡死了的人必先復活。

以後我們這活著還存留的人必和他們一同被提到雲裡，

在空中與主相遇。

這樣，我們就要和主永遠同在。

（帖撒羅尼迦前書 4：16-17）

四月的天氣乍暖還寒，祖孫二人坐在大教堂的臺階上，一陣北風吹來，讓他們感到絲絲涼意。胡里奧第一次注意到聖彼得大教堂主建築的巨大穹頂上，那金色耀眼的陽光反射在前面的廣場上，呈現出跳躍的、彎曲的流線狀。

現在他滿腦子都是自己的祖父、阿萊西奧，還有神祕人阿哈默德。他非常渴望聽到更多的故事。

「爺爺，快告訴我後來發生的事，好嗎？」

* * *

和阿哈默德相識是一種考驗與挑戰，可我還有更加珍貴的教訓呢。不久後，我又碰到另一個棘手的問題，這還得從你祖母瑪麗亞的小哥哥說起。瑪麗亞給她這位哥哥取了個綽號叫維尼（Venny），也就是「討厭鬼」的意思。瑪麗亞家有四個男孩，年齡都比她大。在一個男孩堆裡長大，對她來說可不是件容易的事，可是瑪麗亞卻經常說，出身之事可由不得她。在她的腦海中有許多和哥哥們一起玩球、釣魚等美好的童年回憶。瑪麗亞的父親是穆拉諾島上一名勤勞苦幹的商人，兒子們也繼承了他的品格，每人都有自己的一份生意，只有維尼是個例外。雖然已經二十一歲了，卻把大部分的時間放在釣魚和畫畫上。有天，維尼終於開始繼承家庭的優良傳統，宣布自己要開一家餐館了。

記得當時我們坐在一起討論他的商業計畫，兩眼中充滿了活力與拚勁，那種表情我至今難忘。數月後，他的第一家餐館開業了。同許多新開張的買賣一樣，前兩年的日子並不好過。維尼工作努力，生意也慢慢穩健發展，不幸的是，他的債務也隨之增長。很快的，就沒有了營運資金，不知該怎麼辦。有天，我聽到外邊傳來敲門聲。

當時，我剛給幾位大客戶寫完信。當發現來訪者是維尼後，趕緊把門打開，請他進屋，覺得他的神情有些緊張不安。我給他倒了杯熱茶，然後兩人在一間面向大海的房間坐了下來。寒暄幾句後，他開始向我訴說過去兩年裡發生的一些事。他告訴我，當初他缺少啓動資金；還告訴我，他的員工偷東西。開業僅兩年，他就發現自己債臺高築，餐館已無法繼續經營。我問他自己是否可以爲他做點事，他沉默了好一會兒後，開口對我說：「安東尼奧，按理說至死我也不會說這句話……可是現在眞的很需要錢。你能想辦法借我一些錢，讓我度過此次難關嗎？」

我也想借點錢給他，幫他度過眼前難關，當時卻沒有直接答應他，反而是對他說：「讓我先好好想想，然後再答覆你。」

維尼的態度立刻變了，他斥責我自私、罵我嗜錢如命。記得當時他一甩袖，氣沖沖地離開。其實我非常想幫忙，只是拿不定主意怎麼幫他。

我沿著運河順流而下，往事歷歷在目，我爲何不去徵求阿萊西奧對此事的意見，然後再做決定。一想到此，對他老人家的感激之情就油然而生。這是我們的第五次重逢，距第一次見面，已經十五個年頭過去了。

「安東尼奧！安東尼奧！你走過頭了！」

呼喊聲把我從幻想中叫醒，發現自己划著船駛過阿萊西奧的家門。我順著聲音回頭望去，看見阿萊西奧就站在碼頭邊上，雙手舉過頭頂，向我使勁地搖擺著。

「安東尼奧，把船划到下一條運河上去！停在教堂附近的碼頭上！」

我向他點了點頭，快速調轉船頭，划到教堂附近的碼頭後，把那根粗纜繩纏在手上，站在甲板邊上往前看去，這才發現碼頭上停滿了大大小小的船隻。於是我快速地尋找可以停船的泊位，忽然發現旁邊有個空位，險些錯過，這個空位很小，剛好容得我的小船。多虧多年的駕船經驗，精準地把船停進空位裡。我翻身從船上跳了下來，然後把船繫在碼頭上。

我轉過身踏上了從阿萊西奧家到教堂的那條馬路，看見那位教區神父在教堂後面走來走去，他顯然是在做禱告。當我走得更近，他瞪大雙眼看著我，如同當初他看阿萊西奧的神情。我心中早有準備，向他善意地微笑。

我安靜地沿著這條土路朝阿萊西奧家走去。這段路雖然要走上十分鐘，對我來說卻不算什麼。那是個溫暖的夜晚，蔚藍的夜空萬里無雲，開始先看到了幾顆星星排成湯勺的形狀，很快又看到了北極星。不知有多少次，是這顆星引導著我找到返回威尼斯的路。正當仰望星空往前走時，忽然感覺自己撞到一個樹樁般的東西，砰地一下，身體向後打了一個趔趄，我下意識地趕緊控制了一下，才沒摔倒。「撞到什麼鬼東西了？」我在心裡犯嘀咕，這時，聽到了一陣笑聲。

「你睜開眼，好好看看你撞到了什麼？」一聽到這聲音，我便知道是他。我還沒張嘴說話，阿萊西奧那強壯的胳膊就摟住了我的臂膀。

「老朋友，真高興再次見到您，您還像以前一樣健康！」我回答道。即使他的鬍子現已全灰白，臉上那一道道皺紋也愈發明顯，可他看起來真的很健康。在往他家走時，我同他講了新結交的合作伙伴——阿哈默德，還有生意擴展等事情。

到他家時，正趕上廚師把晚餐擺上餐桌。一聞到那剛起鍋的義大利番茄麵香味，肚子便開始「咕咕」地叫了起來，口水直流，便趕緊坐下用晚餐。晚餐過後，我把過去三年來發生的大小事講給他聽。

阿萊西奧微笑著，僅簡單地問了一句，「安東尼奧，接下來的幾年打算怎麼做？」

「我打算再次擴大生產。現在珠子的需求量比過去大很多，我已經和米洛斯商量好，準備再建一家工廠。」我回答說。

阿萊西奧聽後點了點頭，他知道我還有話沒說出來，便接著問道：「安東尼奧，你又遇到麻煩了吧？」

我們倆沉默了好一會兒，最後，我開口打破沉默。「就在我來這兒之前，和瑪麗亞的哥哥吵了一架，他罵我守財奴。」

「爲什麼他會這樣罵你？」阿萊西奧問道。

「因爲他向我借錢時，我沒有痛快地借給他。」

「爲什麼他要借錢？」阿萊西奧追問道。

「他做了份買賣，但由於過度擴張，現在陷入了經濟困境。我確實有錢，或許我應該借錢給他。」

「若是他不能如約還錢，將會怎麼樣呢？」

「那我就不知道了。」

「還是讓我來告訴你吧！你和他的感情，甚至你和瑪麗亞的感情，都會因此而受到影響，因爲借錢而影響了感情。就剛所說的情況，若是你把錢借給他，但他若是沒有改變自己的花錢方式，遲早會再次陷入經濟困境。安東尼奧，你應該利用這個機會，把一些理財之道教給他，這才是最重要的。」

「首先，避免負債。《聖經》上有句話說得好，『凡事都不可虧欠人，惟有彼此相愛，要常以爲虧欠。』❶這句話的意思是說：你欠所有上帝子民的是愛，但絕不應該是錢。如果你想買東西，兜裡卻沒有錢，那就不要買了。其次，過日子要量入爲出、要知足常樂。」

＊　＊　＊

胡里奧低頭看了看手中的日記本，翻到下一頁，繼續讀到：

準則8

過日子不要負債，要量入為出。

胡里奧遲疑了片刻，問道：「爺爺，您是怎樣養成量入爲出這個習慣的？」

「胡里奧，阿萊西奧告訴過我，他養成每個月爲自己制訂一份收支預算表的習

❶羅馬書13：8。

慣。自從那天起，我的生活開支及我的商業擴展也都要在我的預算範圍之內。」

胡里奧插了一句，「爺爺，您是怎樣制訂預算表的？它看起來像什麼啊？」

安東尼奧伸手把日記本又翻了一頁，在這頁上寫著下一條準則，那頁紙的中間還有一個T字形表格，分爲左右兩部分，上面記著一些數字。胡里奧看著上面的內容，安東尼奧開口把下一條準則背了出來。

準則9 要按照預算去花錢。

在其中一個表格的上方寫著「開支」，在另一個表格的上方寫著「收入」。在「開支」一欄的下面，記著食物、房租、修船費等費用；在「收入」一欄的下面，記著工資及其他來源的收入項目。

「這是我認識阿萊西奧後做的第一份預算表。回到家，我還幫助維尼托也做了同樣的事。」

「維尼托？你說的是幾個小時前我們吃午飯碰到的那個開餐館的人嗎？」胡里奧問道。

「沒錯兒，就是他。」

「那麼維尼和維尼托其實是一個人了？我奶奶的哥哥？可是他的餐館生意做得很火，他說他都開了九家餐館了。我眞是讓你給搞糊塗了……」胡里奧開始把聽到的這些人和事給串聯起來。

「一開始，維尼托對我的建議置之不理。其實維尼托對我和瑪麗亞的富有一直懷有嫉妒心理，所以當我拒絕借錢時，他肯定很難接受。不過，過了一段時間，他又回來徵詢我的建議，這次不是來向我借錢。然後我把剛才告訴你的那些做人及生財之道全告訴他，而他就憑著這些原則，至今已開了九家餐館，其中四家開在這裡。」

胡里奧笑了，因爲所有事都如他所願，他把日記本翻到下一頁，大聲讀了出來。

「就像你和維尼托間發生的故事那樣，對嗎？」胡里奧問道。

「對。不過讓我感到欣慰的是，還好我先從阿萊西奧那裡學到這些寶貴的原則，我們的關係才沒被破壞掉。」

「爺爺，謝謝您教給我這些理財之道。雖然現在我還沒有多少錢，但是我知道該如何更好地理財了。」

「理財之道還不止這些，胡里奧。」安東尼奧說。

「還不止這些？」胡里奧問。

「我把最重要的那條理財之道放在後面，你翻到下一頁看看。」

胡里奧翻開日記本，注意到這一頁上沒有文字，而是一些表格。一看到這些放大版的T形表格，他馬上知道了裡面的內容。不過在每個表格上方，都寫著這樣幾個字

「**上帝**百分之十」。

「爺爺，這句話是什麼意思？」

「每個月我都會按照慣例，把自己收入的十分之一奉獻給上帝。我相信是上帝幫助我，我才能賺到錢。」

「你看，你所有的一切，包括你的生命、你的健康、你的金錢，都是上帝賦予你的，明白這點至關重要。因此，現在你要把收入的十分之一拿出來奉獻給上帝。這就像是一個農民唯有耕耘才能收穫的道理一樣。」胡里奧靜靜地讀著這條原則。

準則11 要把十分之一的收入先拿出來奉獻給上帝。

好長一段時間，祖孫二人就只是靜靜地坐在那裡，一句話也沒說。

安東尼奧伸手去握住孫子的雙手，說道：「胡里奧，要記住在你成爲金錢奴隸之前，先學會控制金錢。」

「我記住了，爺爺。」胡里奧又靜靜地坐在那兒好久……心裡在思索著。

9

第六次重逢

我的羊聽我的聲音，我也認識他們，他們也跟著我；
我又賜給他們永生，他們永不滅亡，誰也不能從我手裡把他們奪去。
我父把羊賜給我，他比萬有都大，誰不能從我父手裡把他們奪去。
（約翰福音 10：27-29）

「就在我們最後一次見面的前幾天，我收到一封信。」安東尼奧說這話時眼裡含著淚花。

「一封信?裡面寫了什麼?」胡里奧問道。

夕陽開始照到聖彼得大教堂前面廣場的柱廊上，迎著夕陽餘暉，胡里奧瞇著眼睛注視著祖父的臉。發現這時大街上空蕩蕩的，只有修道士偶爾會朝著基督教堂那長方形柱廊大廳的方向走去。

「胡里奧，到我這邊來，讓我把故事給你講完，但是我想先讓你站在大教堂的臺階上看看落日。」

「爺爺，我知道你以前來過這兒，爲什麼你要帶我來這兒，給我講這些故事?」

胡里奧站在那裡問祖父，可是祖父早已離開餐桌，朝教堂的方向走去。胡里奧低頭看見那本包著皮革的日記本還放在地上，打開著。他低頭撿起它，夾在胳膊下。

「爺爺，你把這個落下了……」

「它現在屬於你了。」安東尼奧說著，眼中閃現出一絲亮光。

「但是，爺爺，我不能。」

「我已經根據其中的原則生活過了，現在我希望你能擁有它。」

「可是，爺爺，你不是要把它放在一個重要的、安全的地方保存嗎？」

「是的，我也是這樣做的，胡里奧。沒有比放在你心裡更安全的了。你看，如果你拿到這個日記本，並且學會上面的那些原則，你的生活就會發生改變。我希望你擁有這個日記本，讀懂上面所寫的人生原則，並決心按照這些原則去生活，如果你真得這樣做了，所取得的成功會比你所想像得還要大。」

胡里奧感覺就像得到無價之寶一樣，他邊朝著石柱長廊走著、邊把夾在胳膊下的本子收起來，然後邁步走上臺階，朝大廣場的方向走去。

「胡里奧，阿萊西奧教給我最重要的一個經驗就是，在必要時要把我所學到的這些原則教給其他人。」

祖孫二人又回到廣場。他們經過一座噴泉，這時一群年輕的修道士從後方快速走來，手裡都拿著一本書，顯然是要去上課或聽講座。祖孫倆於是跟在領頭那名修道士的身後。這些修道士身穿灰色長袍，腰間繫著白色的粗布帶，肩膀垂著寬大的帽子。

安東尼奧回想起年輕時在修道院度過的那些時光、想起他的那些修道士朋友、想起他們共進晚餐時的歡笑聲。他還想起他們早上禱告時那難忘的場景、想起做禮拜時的那份眞誠。

修道士們一個接一個從他們身邊走過，畫面一幕幕在他的腦海中展現。他看到了夜幕降臨時那金燦燦的田野、看到了他做禮拜和禱告的那座小教堂。安東尼奧忽然對自己的那些修道士朋友心生敬意，因爲這些虔誠的人們爲了侍奉上帝，奉獻自己的一生。然後他又想到他的好友阿萊西奧、想到他們的最後一次見面，淚如泉湧般流出。

「爺爺，我們坐在這裡的臺階上歇一會兒，好嗎？」胡里奧的話把安東尼奧從懷舊的思緒中拉了回來，這才發現自己又回到幾個小時前給孫子講故事的地方。

「好，我們就在這裡休息一會兒吧。剛才，我想起了和阿萊西奧的最後一次見面……」安東尼奧對孫子說。

＊　＊　＊

穆拉諾島的花園以美麗而聞名，我家的花園當然也不例外。那天，送信人來到我家時，我和瑪麗亞正坐在花園裡欣賞著海上落日的美景，我們經常在那裡一坐就是好幾個小時。

當我們起身回屋時，見到一個年輕人正在花園門口等待。這個年輕人，十七、八歲的樣子，淺紅色的頭髮，身體健壯，一看便知他不是威尼斯本地人，我想他應該是蓋爾人❶。在家裡接待陌生人對我們來說已是家常便飯，這些客人中還有的來自千里

譯註：

❶英國少數民族。

之外的東方國度。我走過去和這個年輕人打招呼，他先伸出右手和我握手。

「安東尼奧先生，很高興見到您，久仰大名，經常聽人提起您在穆拉諾島開創的企業。」

「你聽說過我？請問是誰向你提到我？」我問道。

「是那位叫阿萊西奧的商人，先生。幾個月前，我應聘到他那兒工作，今天，他派我給您送來這封信。」說著，那個年輕人把手伸進肩上挎著的褐色皮包裡，拿出了一只小信封遞給我。我拿過信封翻到背面一看，沒錯，是阿萊西奧寫來的信，但是有一個奇怪的印章仔細地蓋在它的邊緣。我拿得更近些，很快就認出這是梵蒂岡的封印，而且似乎是教皇本人的印章。這怎麼可能。

「我奉命送這封信來給您，然後就得馬上回到阿萊西奧先生那兒去。」年輕人似乎有點著急，我抑制住內心的衝動，沒再問其他問題，就讓他回威尼斯去了。

瑪麗亞來到我的身邊，當知道是誰寫了這封信時，她也笑了。信封正面是阿萊西奧的筆跡，上面寫著「寫給我的摯友：安東尼奧」。我迫不及待地把信封翻到背面啓封。

＊　＊　＊

胡里奧插了一句，問道：「爺爺，你保存著這封信嗎？」他笨拙地翻著那本日記，還在其中找到一張泛黃的紙，這張紙整整齊齊地疊成三角形夾在那裡。他拿著這張字跡模糊的羊皮紙問祖父，「是這個嗎？」

安東尼奧點點頭。胡里奧慢慢地打開這封信。儘管上面的字跡已褪色，有的地方甚至也磨爛了，可他仍能看清那潦草字跡所表達的內容。

致我最摯愛的朋友：

安東尼奧你好，我的朋友。近來一切安好？我倆到下週結交將滿十八載，正如過去的這些年一樣，我們將如約見面。但這將是我們的最後一次見面了，爲此我做了些特殊的安排。今年我們的見面地點不在威尼斯，是在羅馬城，因爲我想給你看些東西。按照下面所寫的路線來找我，我將在那兒恭候你的到來。請速來見我。

你的朋友　阿萊西奧

「在羅馬？爲什麼？」胡里奧不解地問道。安東尼奧一邊微笑、一邊繼續講他的故事。

我快速地把信摺好，看了瑪麗亞一眼，說：「到羅馬去？」

瑪麗亞聳了聳肩，一隻胳膊溫柔地挽上我的胳膊，兩人一起朝我們的房子走去。夕陽在地平線上消失時，瑪麗亞對我說：「若要按時到那兒，你得盡快出發。我來幫你準備行李吧。」

* * *

那晚，我徹夜未眠，把船員們召集在一起，制訂航線。這次我們要先穿越穆拉諾島的環礁湖，進入遠海。次日上午十點，地中海地區驕陽似火，我們開始忙著揚帆啓航。亞得里亞海面顯得異常地風平浪靜，以致有好幾次船速減慢，險些擱淺。我們最初是沿著陸棚行駛，然後調轉船頭，駛進臺伯河，朝著羅馬的方向行進。

同威尼斯一樣，臺伯河口岸也成了世界貿易的集散地，大大小小的商船塞滿航道，如同亞洲、非洲和西歐等地區城市大街上的塞車場景。

我駕船沿著臺伯河繼續向北行駛，這時忽然起風了，能感覺到腳下的小船奮力地逆流而上，不出幾個鐘頭的工夫，羅馬城就出現在眼前，只見那歷經歲月滄桑的古羅馬建築和充滿現代氣息的高樓大廈交相輝映。我看了阿萊西奧的那封信一眼，尋找著名叫聖天使城堡（Castel Saint Angelo）❷的口岸。在羅馬教堂主教們居住的地方，一幢巨大的建築物拔地而起，聳立在臺伯河畔。建築物四周建有圍牆，圍牆表面上刻著許多宏偉壯觀的雕像，頌揚上帝與羅馬的豐功偉績。我還記得博尼法亞斯九世在七十五年前曾用它來保護羅馬不被入侵。

我把小船固定後，走上碼頭，依照阿萊西奧信中所寫的路線去找他。羅馬的碼頭上人來人往，他們在那兒裝卸貨物、叫賣商品，空氣中夾雜著一股汗臭味和魚腥味。

我找到阿萊西奧指定的那條馬路，開始往前走，估計又走了一個小時，決定停下來歇口氣。我走到市場附近的一家咖啡館裡坐了下來，領略羅馬城的喧囂與繁華。對面桌子旁坐著一位老太太，脖子上戴著一條雕花金項鍊，格外引人注目。我正要起身走開時，她向我點了點頭。

看著身旁那些高聳入雲的高樓大廈，心想：阿萊西奧要把我帶到哪裡去？阿萊西奧曾向我提起過一座教堂，那是座雄偉壯觀的大教堂，讓我聯想到威尼斯的聖馬可大教堂，而現在就要去找一座像聖馬可大教堂一樣宏偉的大教堂。我猜自己一定離那兒不遠了，因爲此刻街上到處都是成群結隊的傳道士。

我氣喘吁吁地爬上一座小山，感覺像背了一百磅的東西，正在懷疑自己是不是拐錯了彎，忽然眼前一亮，發現已經來到建造聖彼得大教堂的地方。

一開始，壓根不敢相信自己的眼睛，這個地方曾經矗立著一座宏偉的大教堂，如今卻是一片廢墟。我搖晃著腦袋，被眼前的場景給搞糊塗了。接著我想起了當初在修

❷義大利羅馬的一座城堡，該建築位於臺伯河畔，鄰近梵蒂岡教廷。西元六世紀，教宗格列哥里一世巡遊經過此地，見到天使長彌額爾顯像，城堡因而得名。

道院時從修道士口中聽到的那些話，他們告訴過我，這座老教堂正計畫拆除，將由一座更加宏偉壯觀的新教堂取而代之。他們還說，那座老教堂因年久失修而坍塌，卻籌不到足夠的善款來將其完整修復。

＊　＊　＊

「等等，爺爺，您說的就是眼前這座聖彼得大教堂嗎？你是說在這座長方形柱廊式教堂建造前，你就來過這裡？」

胡里奧對此吃驚不已。

「胡里奧，你說得對。事實上，之前我就來過這裡。更確切一點說，當時我就站在我們倆現在坐著的地方，當時這裡還是一座小山。」

「那座舊教堂呢？那座舊聖彼得大教堂當時在哪個位置？」

「嗯，原來那座教堂的聖壇就建在埋葬著聖彼得遺骨處的正上方。」

「眞的嗎？聖彼得的遺骨埋在這裡？」

「當然是眞的。一千五百多年來，世界各地的人們來到這兒敬拜上帝，紀念聖彼得的偉大工作。」

胡里奧深吸了一口氣，認眞聽著祖父說的每一句話。這時，他想起了阿萊西奧。

「爺爺，那阿萊西奧呢？他不是想和您見最後一面嗎？」

「噢，是啊。阿萊西奧知道我會到已變成一片廢墟的聖彼得大教堂，於是派了一個人去接我。」

＊　＊　＊

太陽已從梵蒂岡小山後落下。我四處張望，希望能快點找到阿萊西奧，可眼前這個地方到處是成群的工人、建築師和傳道士，他們正在爲新建築選址。忽然，感覺有隻手搭在我肩上，回頭一看，原來是一週前到花園前來給我送信的那個紅髮年輕人。

「阿萊西奧正等您呢。」他微笑對我說。

他在前面引路，我靜靜地跟在後面，不知道該說些什麼。走到廢墟旁一座小樓門前，有位上了年紀的修道士在那兒迎接我們，把我們領進了一條走廊，裡面燈火昏暗。我一邊靜悄悄地跟在後面、一邊心想：君士坦丁君主本人會不會每天也從這條點著火把的長廊走過？那位修道士在一扇木門前停了下來，這扇門不到五英尺高，自上到下包著三條四英寸寬的鋼板。

「如果你準備好了，就推開這扇門。他正在裡面等著見你。」修道士說完這句話後，就和紅髮年輕人轉過身沿著這條走廊靜靜地走出去。此時，我覺得自己特別孤單，表情嚴肅地盯著這扇橡木門。心想，我倒要看看這次見面會帶來哪些收穫。於是伸手抓住門上的鐵把手。

木門慢慢地打開了，發出「吱吱嘎嘎」的聲響。看到屋裡也點著一支火把，發出微弱的光。由於門口很低，看不見屋裡的其他東西，我於是彎著腰慢慢地走了進去。過了好一會兒，眼睛才適應了屋裡昏暗的燈光。這間屋子約莫有十五英尺長、十英尺寬，在一面牆的正中央掛著一塊帆布，帆布後像是有一扇窗子。對面則是一個洗臉池和洗浴間。在那塊帆布的正下方，放著一張床。屋裡除了這些就別無他物了。眼睛又適應了一會兒屋裡昏暗光線後，看到阿萊西奧正站在屋裡的一個陰暗角落。

「老朋友，我已等你多時了。快過來，安東尼奧，快到這裡坐下。雖然這次我不能請你吃晚飯，但我們有更重要的事情要做。」他的聲音顯得脆弱又無力。

我朝著我的老朋友走過去，感到十分憂愁。阿萊西奧像是在過去三年裡忽然間老了二十歲：面容憔悴，上面爬滿皺紋，頭上稀稀拉拉地只有幾根頭髮，呼吸急促而凌亂。「這眞的是我想要見的那個人嗎？」就在這時候，我感到他有力地握住了我的手。我問著自己，卻是喉嚨發緊，硬忍著眼中淚水，慢慢地坐在了他身邊的椅子上。

然後忽然發現，此時此刻需要安慰的不是阿萊西奧，而是我自己。

「安東尼奧，現在不是悲傷的時候，而是該行動的時候。」他的聲音忽然變得就像十八年前那般，具有穿透力。

「你要記住，上帝每一天都在賜予我們禮物。我們要有智慧地使用每一天。今天，是我們此生中最後一次待在一起，所以今天我要教給你的人生經驗也是最重要。」阿萊西奧吃力地抬起頭來，目不轉睛地盯著我的雙眼。

「安東尼奧，你一直幹得很出色，憑藉自己的激情成就了一番輝煌事業，並發揮自己的天賦和才能爲人類做出貢獻。你的影響力在不斷擴大，現在該是輪到你出面的時候了。」

「出面？我聽不明白。」

「因爲你忠心於上帝所賜予你的一切，所以一直被上帝祝福。對你來說，現在最重要的事，就是把自己所學到的經驗、所賺取的財富，繼續用在榮耀上帝這件事上。」

「我該怎麼做，阿萊西奧？」

「安東尼奧，你還記得我和你父親菲力浦的那次談話嗎？就是上帝如何讓我們成爲商人和傳道士的那段談話，你還記得嗎？」

「我記得。但是那些話和現在的話題有關係嗎？」

「其實，上帝早就讓商人和教堂的領導者有了某種特殊的關係。我們要爲傳道士的使命提供支持。」

「阿萊西奧，我願意一直順服上帝，因爲祂對我的祝福太多了。現在我能做點什麼？」

聽到我的話後，阿萊西奧伸出手，使出全身的力氣，扯下遮蓋著窗戶的帆布，屋內豁然開朗。我急忙向後撤了撤身，用手遮住雙眼。過了一會兒，才放下雙手，舊聖彼得大教堂的遺址一覽無餘地呈現在我面前。那裡，有人手拿斧頭，有人手拿鐵鍬，還有人手拿其他工具，都在辛勤的勞動，一絲不苟地爲新教堂奠基做準備。

「安東尼奧，這裡就是我爲之付出十八載心血的地方。我知道上帝希望在這個地方被尊崇，於是便竭盡所能地恢復聖彼得大教堂的榮耀。經過我們的努力，老教堂已拆除，新教堂即將在原地重建。這些年，我一直爲這裡做的就是，把生意中賺得的每分錢捐出來，每天坐在這間屋子裡，看著老教堂一點一點地拆除、新教堂的地基慢慢地建起來。雖然這個過程很漫長，但到目前爲止，一切進展順利，在我們面前，即將呈現的是世界上最雄偉壯觀的大教堂。」說到這裡，阿萊西奧的眼裡噙著淚花，聲音開始哽咽。

「可是，我的作用即將結束，我已竭盡所能爲這裡做了一些事。如今，我已是病入膏肓之人，並把自己剩餘的財產分給了家人。安東尼奧，如果你不介意，能否完成我未竟的事業？」

「可是，我……」

「你現在不用回答我的問題。我只想和你分享最後一條人生準則。」

＊＊＊

胡里奧翻開日記本讀了出來。

準則12 要懂得合作的力量。

安東尼奧笑著說：「是的，胡里奧。就在那天，我懂得了合作的力量——信徒和教士間合作的力量，商人和傳道士間合作的力量。在傳道士每個人的心裡，都有一種力量能讓我們和上帝的關係更親近，大家都願意做任何事來擴展祂的國度。而能做的其中一件事，就是要和傳道士們合作，因爲上帝賜給他們使命和眼界，而我們提供奉獻來看見使命的實現。」

「爺爺，你爲此又做了什麼？是你把聖彼得大教堂重新建造起來的嗎？」

「不完全是。很多人一起重建了這座大教堂。」聽了祖父的話，胡里奧簡直不敢相信自己的耳朵。他忽然意識到手中這個日記本上記載的內容是多麼珍貴，於是小心翼翼地將它闔起，腦海中不斷閃現裡面所記錄的十二條準則。

準則1　只要你努力工作，上帝就會祝福你。

準則2　經濟上的富有和靈魂的昌盛是息息相關的。

準則3　一個男人必須盡他所能來供養家庭。

準則4　你所遇到的困難不但鍛鍊了你的品格，還爲你承受祝福做準備。

準則5　要敢於爲自己錯誤決定所導致的後果承擔責任。不要把責任轉嫁給他人。

準則6　不要把挑戰看成絆腳石，而要看成鋪路石。

準則7 在上帝面前要溫柔，在其他人面前要勇敢。
準則8 過日子不要負債，要量入爲出。
準則9 要按照預算去花錢。
準則10 友誼會因金錢而受到影響。
準則11 要把十分之一的收入先拿出來奉獻給上帝。
準則12 要懂得合作的力量。

「爺爺，謝謝您今天把我帶到這裡來，謝謝您把自己成功的經歷告訴我，更要謝謝您把這個寶貝傳給我。」

此時，夕陽從廣場西側的柱廊上落了下去，安東尼奧站起身來，微笑說：「胡里奧，要想擁有這個日記本，還要答應我一個條件。」

「什麼條件，爺爺？什麼條件我都答應。」

「明年，你要到大教堂的這些臺階這兒來……每年來一次。」

「來這兒見您嗎，爺爺？」

「到時你就知道了，一年後會有人到這兒來見你。」

說完這些話，祖孫二人朝廣場的對面走去，他們的背後是世界上最偉大的教堂、腳下是世界上最偉大的廣場，隨著他們的身影消失在廣場柱廊的陰影中，美好的一天即將結束了。但是，修道士和商人的故事才剛剛拉開序幕。

上文中，安東尼奧把自己成功生活的十二條準則傳給了自己的孫子，現在該輪到你和他人分享這本日記了。

經文參考文獻

學習指南

下面這些學習指南按照該書故事的敘述順序，分爲十二節，

適合於個人和團體學習本書之用。

每一節都會以《修道士與商人的傳奇故事》中的某一話題展開論述，

在論述過程中，會有一些來自《聖經》中的論據，

在結尾還會提出一些問題，供個人思考和小組討論。

讀者可以在書末的空白頁上寫讀書筆記，

請把《修道士與商人的傳奇故事》讀完之後再進入此階段的學習。

第1節　修道士與商人、神父與信徒的不準確分類

羅伯特．弗雷澤在他的小說《商業基督教》一書中寫到：

當代基督教中的英雄都是職業修道士，如李斯．豪沃爾斯、大衛．布雷納德、喬治．穆勒、查爾斯．衛斯理、芬尼，喬納森．愛德華、約翰．卡爾文、史密斯．維格氏維爾等。

與此相反，大多數《聖經》中的英雄人物都不是修道士。例如亞伯拉罕是一位農場主和商人；約瑟既是商人，又是一位富有經驗的企業管理者；約書亞和迦勒兩人都當過將軍；大衛做過牧羊人和將軍，最後成了國王；丹尼爾和尼希米全是政府官員。

不過，這些《聖經》中的英雄人物都是通過現代修道士們講給我們的，因此他們的商業身分都被淡化了。

在教堂中，菲力浦和阿萊西奧分享了一條重要的經文：耶穌「又使我們成為國民，做他父神的祭司」（啓示錄1：6）。通過這條經文菲力浦終於頓悟，阿萊西奧並未因經商而放棄信仰，兩人重歸於好。

在以色列的十二個部落中，有一個叫利未的部落，按照《舊約》中的規定，利未人是被單獨劃分出來，專門侍奉上帝的一個部落（民數記3：5—10）。其他部落則以利未人為中心，敬拜上帝，獻上祭物。但是，在《新約》中，每個基督徒中都有聖靈，可以單獨敬拜上帝、服侍上帝和他的子民。

但我把眞相告訴你們：我離去對你們是有益處的，因爲我如果不去，慰助者就不會到你們這裡來；如果我去了，我就會派遣他到你們這裡來。

（約翰福音16：7）

你們也就像活石，被建造成一座屬靈的殿宇，進入聖潔的祭司體系，好藉著耶穌基督獻上蒙神悅納的屬靈祭物。（彼得前書2：5）

但你們屬於蒙揀選的族類、君王的祭司體系、聖潔的國度，是屬神的子民；爲要使你們宣揚曾召喚你們的那一位的美德。（彼得前書2：9）

他賜下一些人做使徒，一些人做先知傳道，一些人做傳福音者，一些人做牧人或教師。爲了要裝備聖徒去做服事的工作，以建立基督的身體。

（以弗所書4：11—12）

所以，所有的基督徒都有使命，所有人都是祭司。只不過其中有些人是全職服侍人員（發薪水的職務），而其他人卻是在商業界的任何一個集會上默默履行自己的職責（不發薪水的職位）。

但是，不論我們是全職服侍人員（傳教士），還是商業界的服侍人員（商人），我們都被上帝呼召「所以你們要去，使萬民成爲我的門徒；奉父、子、聖靈的名給他們施洗；凡我所吩咐你們的，都教訓他們遵守，我就常與你們同在，直到世界的末了」。（馬太福音28：19—20）

耶穌對我們的這個要求叫大使命，這個使命落在了所有信徒的身上，因爲所有基督徒都是祭司，都肩負使命。基督教不是一項觀賞性的體育運動，因此，教堂會眾

（通常被稱爲平信徒❶）不能只看著全職服侍人員（通常被稱爲傳教士）做著福音傳道的工作。

無論在單位，還是在孩子讀書的學校，或者在你所居住的社區，你或許是一位有威望，能影響一群人的那個人物。即使是那些職業修道士，在他們的宗教界外也富有影響力。

〈啓示錄1：6〉還說，所有人都是「國王」，都是「神父」。國王就是富有權威，能夠影響一群人的那個人。我們都聽過這樣的故事：國王通常住在一座城堡裡，他是這座城堡的主人，城堡裡的居民還有他的家人都得聽從他的話。

在該書的前言部分，戴夫．拉姆齊在談及如何讀《修道士與商人的傳奇故事》時，就教堂和商業間存在的錯誤爭鬥，闡明了自己的觀點：

作家泰瑞・費爾伯（Terry Felber）幫助我，以全新的視角看待整個教堂和商業界之間辯論，使我終於認識到：傳教士是神聖的，商人也同樣神聖！因爲商人所從事的同樣是一份服侍。……上帝沒有讓我們將屬靈和我們的日常生活分開，也沒讓我們將星期天早上的禮拜和星期一早上的全體員工例會分開。在上述的任何兩種場合中，上帝都在場。

和我們一起工作的每一個人都應該知道：我們是被呼召才在這兒工作的，因爲我們的工作是神聖的。

譯註：

❶平信徒即是基督教中沒有聖職的人，又稱為教友、會友，一般定義為「教會中未被授以聖職的成員」。聖職人員和平信徒的分別，在天主教會和正教會裡最為明顯，聖公會次之。

查爾斯·司布真❷回應了拉姆齊上述的感悟：不論我們所從事什麼職業，「任何一個基督教徒都有權利，並且有能力去傳播上帝的教義；更有甚者，他不但有權利這樣去做，只要他活著，就有責任去這樣做……傳播教義不是幾個人的事，是主，耶穌基督所有信徒的事。」

有許多國家將基督教拒於國門之外，卻歡迎美國帶來的巨大商機。因此，當我們把使命融入我們的商業圈，就不會有一個國家把上帝的教義拒之國門外了。

討論

- 你曾錯誤地把神父和平信徒區分看待嗎？你曾認為由於神父和上帝有更親密的聯繫，而盲目崇拜過職業神父嗎？
- 你實現了自己做為忠實信徒和神父的角色？你在哪裡有影響力？上帝讓你在什麼樣

的場所完成自己的使命？

● 你是如何讓自己實現了〈馬太福音28：19—20〉❸上談到的大使命的？

● 司布真在談及被呼召的使命時是如何說的？

● 你認為全職服侍與商業服侍，哪個更有回報？為什麼？

---

❷查爾斯．司布真（Charles Haddon Spurgeon），一八三四—一八九二，十九世紀英國著名浸信會牧師。

❸所以你們要去，使萬民成為我的門徒；奉父、子、聖靈的名給他們施洗。凡我所吩咐你們的，都教訓他們遵守，我就常與你們同在，直到世界的末了。

第2節 回應呼召，首次在集會前布道

讓我們再回顧一下耶穌的大使命（馬太福音28：19—20）「所以你們要去，使萬民成為我的門徒；奉父、子、聖靈的名給他們施洗。凡我所吩咐你們的，都教訓他們遵守，我就常與你們同在，直到世界的末了」。如果我們仔細分析這段經文，就會發現這段話開頭的一個字是「去」，希臘原文是「poreuomai」，意思是「離開」。因此，信徒要離開他目前生活的地方，到另一個地方去。換句話說，基督徒要離開他們的親戚朋友、離開教堂，那麼他們應到哪裡去呢？

耶穌又用比喻對他們說：

天國好比一個國王爲自己的兒子預備婚宴。他派遣僕人去催促他所邀請的客人來參加婚宴，可是他們不願意來。他再派遣另一批僕人出去，吩咐他們告訴客人，「我的筵席已經擺好了，公牛和肥畜都宰了，一切俱備，請你們來赴宴。」可是，那些被邀請的客人還是不加理會，各忙各的：一個到田裡去，一個去看自己的舖子，其餘的抓住那些僕人，拳打腳踢，把他們殺了。國王大爲震怒，派兵去除滅那些凶徒，燒燬他們的城市。然後他對僕人說：「我的筵席已經擺好，但是先前所邀請的人不配享受。現在你們到大街上去，把碰到的人都請來赴宴。」於是僕人到街上去，把看到的人，無論好壞都請來，讓喜堂上坐滿客人。

國王出來會客時，看見一個沒穿喜宴禮服的人，就問他，「朋友，你到這裡來，怎麼不穿禮服呢？」那人一言不答。國王就吩咐侍從，「把他的手腳都綁起來，扔到外面的黑暗裡。在那裡，他要哀哭、咬牙切齒。」（馬太福音22：1—13）

在這則寓言中，國王（其實指的是聖父）告訴僕人們（指的是那些把耶穌公認爲主的基督徒們（羅馬書10：9））到「大街上去」。「去」這個詞的意思就是「離開」，和（馬太福音28：19—20）中的意思一樣。那麼，耶穌的信徒們要到哪兒去？到大街上去，這地方聽起來可不是被四面圍牆圍起來的教堂。他們到大街上去做什麼？邀請眾人前來參加婚禮。教會，或者是信徒們的身體，在《聖經》中被描繪成是基督的新娘（約翰福音3：29）。這則寓言也描繪了當聖父，也就是那位國王，出現在婚宴現場時，那些在他面前衣冠不整的人，要被扔到外面的黑暗世界中去。

做爲上帝的僕人，我們的工作就是到大街上去把那裡的人們帶到他那兒參加婚宴。我們要把上帝的福音像播種一樣到地極。（使徒行傳1：8）❶我們知道自己所從事的完全是撒種工作，而不是使之生長的工作，因爲那是聖靈的工作。我們播下的種籽並非全都會落到肥沃的土地上，生根，發芽，開花，結果。（馬太福音13：3—

8）❷因此，我們會發現正如〈馬太福音22：13〉中描寫的，那些雖然去參加了婚禮卻衣冠不整的人，就會被扔到外面的黑暗世界去，經歷「哀哭與咬牙切齒」。〈馬太福音28：19〉中的經文寫道：「你們要去，使萬民成爲我的門徒。（go therefore and make disciples of all the nations.）」在希臘語中，nation 一詞是 ethnos，意思是「民族」或「人的團體」，這也是英語單詞 ethnic 的來源。因此，〈馬太福音28：19〉中提到的「nation」，不是指地理上的領土疆域，而是指人的團體。那麼，這些人住在哪裡呢？

譯註：

❶不過聖靈臨到你們的時候，你們將得著能力，並且要在耶路撒冷，在猶太和撒馬利亞全地，直到地極，做我的見證人。

❷又有落在好土裡的，就結實，有一百倍的，有六十倍的，有三十倍的。

史蒂夫．希基（Steve Hickey）把這些人分爲不同的範圍：

上帝想把天堂的影響擴及到地球的其他各地：政府圈、媒體藝術圈、教育圈、工業圈和商業圈。上帝感興趣的可不僅僅是地區教堂。

同樣，彼得．魏格納（C. Peter Wagner）識別出不同「可塑文化者」供基督教徒接觸。

要想征服這個世界，有七大類人最終塑造了人類的思想和文化。因此，誰若能掌控住這七類人，他就能成爲勝利者，能控制這個世界前進的方向。這七類可塑的文化者包括：宗教、家庭、政府、娛樂藝術、媒體、商業和教育，以上順序隨意排列，無主次之分。這七類中的每一類都可再細分很多次。

在《修道士與商人的傳奇故事》這本書的前言中，戴夫·拉姆齊寫道：

我們應該主動爲了耶穌承擔起在商業界的那份責任，而不是將其拱手讓給他人。我們不能把教堂看成是上帝的主場，而把市場讓給撒旦。我們是富有生命的人，就應該積極主動、四處活動，我相信上帝在召喚我們，爲了他的榮譽去拯救商業界。

因此，菲力浦和阿萊西奧發覺他們兩個都是在爲上帝服務，只不過服務的方式不而已。

討論

● 舉例說明你是如何到大街上去要求人來參加聖子的婚宴的？

● 你在邀請人參加婚宴時，採用了什麼樣的方法，說了哪些話？（例如你能為了自己和自己的健康祈禱嗎？）

● 你是如何對待那些拒絕參加婚宴的人？

● 正如〈馬太福音22：11〉所提及的，你現在穿著結婚禮服嗎？你穿結婚禮服時被要求做了什麼？

● 你是上述七類人中的哪一類？你是如何有效地把上帝的福音傳給這些人的？

第3節 金錢：是善，還是惡？

彼得．魏格納描述了金錢是如何開始被視爲罪惡的：

希臘人的思想促使人們認爲精神生活要比物質生活重要得多，人們得出的結論是：精神上越富有的人，物質上應該越匱乏。修道院的傳教士們接納了此一哲學思想，並在中世紀期間將其推廣出去。不久後，所有傳道士爲了證明他們高尚的精神境界，不得不發誓甘願貧窮……

令人遺憾的是，固守貧窮的誓言一直在我們的教堂流傳下來。

愛財是所有罪惡的根源，一些人由於貪圖金錢，才導致他們遠離了自己的信仰。我們應該注意的是：金錢本身並不是罪惡的根源；「愛金錢」才是罪惡的根源。這是關乎一個人的心態和他對待金錢的態度。如果一個人愛某物或某人勝過愛上帝，那麼，從本質上來說，他就會把此物或此人視爲偶像。其實，上帝是反對偶像崇拜的。祂說：「除了我以外，你不可有別的神。」（出埃及記20：3）

金錢是不屬於道德範疇。你對於金錢的態度和你用金錢做了些什麼，最終都是由上帝來裁決。記住：得貨財的力量是祂給你的。（申命記8：18）

許多有錢人都是耶穌的追隨者：西庇太家僱有數個僕人（馬可福音1：20），撒該是一位稅務官（路加福音19：2），馬太也是一位稅務官（馬太福音9：9），還有羅馬的百人隊隊長（路加福音7：2—8）、猶太人的統治者尼希米、亞利馬太人約瑟，這裡僅列舉數例。當然，在《舊約》裡上帝的子民也不乏富有者，如世人之父亞伯拉罕、希伯來族長以撒、以色列人祖先雅各、雅各的第十一子約瑟、古以色列國國王大衛、古以色列國國王大衛之子所羅門等。因此，上帝並非根據是否有錢來判斷人。

但是，我們從《聖經》中也了解到，有一種危險叫做「錢財的迷惑」。（馬可福音4：19）

奧斯．希爾曼（Os Hillman）在他的著作《金錢的意圖》（*The Purposes of Money*）一書中，提到了成功路上的四個陷阱：

1、貪心（提摩太前書3：3）

2、貪婪（出埃及記20：17；提摩太前書3：3）

3、吝嗇（路加福音2：20）

4、自恃（加拉太書2：20）

希爾曼還談到了有關金錢的五種常見的誤解。

1、我的錢，我可以用來買到我想要的任何東西。

2、我的錢，是衡量我成功的標準。

3、有了錢，我就有了安全感。

4、有了錢，我就能獨立。

5、金錢決定了我生活的目的。

首先，在前兩個誤解中，「我的錢」是一個錯誤的用詞，耶穌用幾個智者的寓言故事啓示我們：上帝安排我們做爲生活的管家，管理我們的錢財、時間和禮物（馬太福音25：14—30），但這些都是屬於上帝，祂僅要求我們妥善管理這些，並有效地使用它們。

第二，衡量我們成功的標準是我們對他人的服侍，而不是金錢。仔細思考耶穌的這句話，「你們當中誰更大，誰就該做你們的僕人。」（馬太福音23：11）。一位不知名的人物說過這樣一句富有哲理的話，「經濟上的成功，恰恰也衡量了你爲他人做出了貢獻。」當你爲他人提供了一項服務或一件有價值的產品時，你的顧客願意爲此付出合理的金錢。這種交換是建立在自由市場制度之上的。

第三，世俗的財富是無安全可言：你們不要爲自己在地上積蓄財寶，地上有蟲蛀，會鏽蝕，也有盜賊鑽進來偷竊；而要爲自己在天上積蓄財寶：天上既沒有蟲蛀，也不會鏽蝕，也沒有盜賊鑽進來偷竊。（馬太福音6：19—20）

最後，至於第四和第五個誤解，我們認爲：做爲基督徒，不要去追求自我，要單單委身依靠耶穌，我們的主。基督徒的人生目的，就是用我們的所有一切去愛耶穌、服侍耶穌。

〈羅馬書10：9〉中說：你如果口裡承認耶穌是主，心裡相信神使他從死人中復活，就將得救。〈腓立比書1：1〉保羅寫道他和提摩太怎麼成爲「耶穌基督的僕人」，因債權人願意放棄所有的權利，爲他的主人百分百的服務

〈加拉太書2：20〉也以同樣的筆調寫道：我已經與基督同釘十字架，所以現在活著的不再是我，而是基督在我裡面活著；並且如今我在肉體中活著，是因信神的兒子而活；祂愛我，甚至爲我捨棄了自己。

〈詩篇37：4〉中，有這樣一句話，「又要以耶和華爲樂，祂就將你心裡所求的賜給你。」我的一個朋友是位希伯來語學者，他告訴我這句話的希伯來原話的意思，

卻是「又要以耶和華爲樂，你會實現祂的心裡所求」，也就是說，如果「你的生命中藏著基督」（歌羅西書3：3），如果你不再活著（加拉太書2：20），那麼你的所求就是上帝的所求。

〈約翰福音5：19〉中寫到，「子憑著自己什麼也不能做，只有看見父所做的，子才能做，因爲父所做的事，子也同樣地做。」就像耶穌一樣，我們也要「效法神，好像蒙慈愛的兒女一樣」（以弗所書5：1）。我們沒有做我們自己的事，我們做的只是我們看到的上帝做的事。

討論

- 阿萊西奧對傳道士所教的〈路加福音18：18—27〉的內容進行了探討。你是如何理解這些內容的？

●你認識的人中有相信為了屬靈的益處就要遠離財富的嗎？這種態度從何而起？

●哪些是你在通往成功路上必須對付的陷阱？

●你在賺錢方面有哪些誤解？

第 4 節　延遲通往上帝國度的三種誤解

誤解 1：他人有責任對我的福音傳道活動給予金錢上的支持。

基督教徒要以保羅為榜樣，保羅是位帳篷製造商，他說：「弟兄們，你們紀念我們的辛苦勞碌、晝夜做工，傳神的福音給你們，免得叫你們一人受累。」（帖撒羅尼迦前書 2：9）

如今，一種錯誤心理已在基督徒中形成，我們所思所想不是出去工作賺錢來支援自己的事工❶，而是挖空心思到處寄信拉贊助。這是一種極端不負責任的作法，這種作法其實就是讓另一個教徒去辛勤工作，並寄錢過來，這樣，我們就不必去工作了。令人遺憾的是，如果我們讓自己的孩子在從事一些短期的宣教活動時，也養成這樣一種拉贊助的習慣，那麼我們教給他們的，其實是從小就養成一種懶惰的品格。

確實，做為全職的服侍人員，當然也要勞有所得，「那善於管理教會的長老，當以為配受加倍的敬奉；那勞苦傳道教導人的，更當如此。因為經上說：牛在場上踹穀的時候，不可籠住牠的嘴；又說：工人得工價是應當的。」（提摩太前書5：17—18）但是，這些工資來自教會的什一奉獻❷，《聖經》經典中從沒教我們去乞求他人的資助。

誤解2：金錢上的慈善行為同樣也顯示了一個人的工作能力。

《聖經》是如何解釋這個觀點的呢？保羅曾告誡過我們，「若有人不肯工作，就不可吃飯。」（帖撒羅尼迦後書3：10）還有更加嚴厲的經文，「人若不看顧親屬，就是背了眞道，比不信的人還不好。不看顧自己家裡的人，更是如此。」（提摩太前書5：8）

品味一下「比不信的人還好」這句話吧！

下面這幾句話說得好：懶惰使人沉睡，懈怠的人必受飢餓。（箴言19：15）。正如安東尼奧日記中的第三條準則那樣，一個男人必須盡他所能來供養家庭。

譯註：

❶事工，是指基督教會的成員執行教會所任命的工作。部分的事工是針對教會內部的會友，其他的事工則是針對大家而預備的。參與事工，以基督徒的生命去幫助別人，是《聖經》中所記載的使命之一。

❷什一奉獻，或什一稅、什一捐，常用於指猶太教和基督宗教的宗教奉獻。歐洲封建社會時代用來指教會向成年教徒徵收的宗教稅。

誤解3：只要掙的錢能夠滿足我們基本的生活需要，就應該知足了。

我們再回到《聖經》經典中去驗證這一觀點。〈箴言13：22〉善人給子孫遺留產業、罪人爲義人積存資財。表明，對自己過去的需要從不考慮的行爲是自私的，「善人給子孫遺留產業。」

在一場以「金錢的用處」爲主題的布道活動中，約翰．衛斯理（John Wesley）❸宣講了一種觀點，可總結爲「盡可能地去賺錢，盡可能地去節約，盡可能地去給予」。

討論

- 對於那些可以自己賺錢來從事事工的人，卻需要受資助，你是如何看待的？（我們這裡所說的不是什一奉獻。）你是如何看待要求個人資助宗教活動這種現象的？
- 在沒有幫那些窮人脫貧致富的情況下，你是怎樣把錢給他們的？

● 有些財政收入要大於個人需要，賺取這些錢時，你會心動嗎？如果心動，你是如何掌控這筆錢的？如果沒有心動，是什麼阻止了你這麼做？

❸ 約翰．衛斯理，一七〇三—一七九一，是十八世紀的一位英國國教（聖公會）神職人員、基督教神學家，為衛理宗（Methodism）的創始者。其所建立的循道會跨及英格蘭、蘇格蘭、威爾斯和愛爾蘭四個地區，帶起了英國福音派的大復興。

第5節 職業觀和價值觀

安東尼奧帶著自己的孫子胡里奧去旅行，他覺得和孫子待在一起的這幾天會永遠影響他。有關工作、金錢和個人的價值觀，就這麼一代接一代地傳承下去，影響著我們，改變我們的生活。

羅伯特·清崎在他的暢銷商業書《富爸爸，窮爸爸》中寫道：「我有兩個爸爸，一個是富爸爸，一個是窮爸爸。」注意這兩個男人的生活態度。

窮爸爸：經常說「我受不了了」。（這是他在解決問題時發出的感嘆。）

富爸爸：會問自己「我如何承受得了？」。（這是一個值得我們思考的問題。）

窮爸爸：吃飯時不准談論金錢及生意上的事。

富爸爸：吃飯時鼓勵我們談論金錢和生意上的事。

窮爸爸：妥善理財，不做冒險投資。

富爸爸：學會應對金融風險。

窮爸爸：相信某家公司或政府會考慮到自己的需要。

富爸爸：相信凡事靠自己，毫無保留地聲明自己應得的權利。

窮爸爸：教兒子如何寫一封感人至深的求職信，認爲這樣才能得到自己想要的工作。

富爸爸：教兒子制訂出富有潛力的商業和金融計畫，創造就業機會。

當看到一輛車的車尾貼上寫著「我在揮霍我留給孩子的遺產」這樣的話時，我們都會發笑。但是要記住：那些死後沒有留下遺產的人，也就沒有完成上帝的完美計畫，「善人給子孫後代遺留產業，罪人爲後人積存錢財。」（箴言13：22）當然，產業繼承也包括金錢繼承。羅伯特．清崎寫道：「這份產業不是金錢上的收入，而是一份即使你過世後也能養家的資產。」安東尼奧就是這樣一個好例子，他創辦了威尼斯貿易珠子這個合法的產業，而這份產業能夠持續爲他的後代子孫帶來收入。

爲了確保錢財將來能夠被子孫順利地繼承，你要制訂出一個房地產投資計畫、準備一份心願書，確保自己的錢財遺留給自己的子孫，而不是被政府斂走；你還要投保，這樣即使你患了一場大病，或者你的車輛、房產突然遭逢一場意外，你的財產也不會因此而消耗殆盡。

但是，需要繼承的並不僅僅限於金錢。每個人要繼承的，並且要輪流傳承下去的，還有構成生活各個面向的價值觀，具體涉及我們的家庭、信仰和理財等諸方面。正如清崎所說的那樣：我們必須認真地把已經繼承的價值觀進行分類，找出哪些價值觀應該保留、哪些應該屏棄，還要具體地把那些需要傳承給子孫後代的價值觀給挑選出來。

戴夫·拉姆齊提倡從孩子很小的時候就要開始教給他們一些花錢的原則。以下是他的一些觀點。

● 在孩子開始上學前，最晚不要超過小學三年級，就要教給他們一些花錢的原則。

● 孩子做完一些簡單家務時，要付錢給他們。

● 不要給孩子零用錢……讓他們出去工作賺錢。溺愛孩子就是讓孩子整天坐在電視前玩遊戲、吃垃圾食品。孩子的髒指甲意謂著什麼？像送報紙、修剪草坪、擺小貨攤等，都非常適合孩子們做的工作。

那些在我們身邊，一直跟著學習的人，恰恰決定了我們學的是什麼。十四歲時，胡里奧就接受了特殊的指導，爲將來繼承家族事業做準備。同樣的，安東尼奧從他的導師阿萊西奧那裡也學到了很多。

也許你沒有機會和一位成功人士待上一整天，可是你卻能通過觀看有關記錄他的

CD、DVD或閱讀關於他的書籍來認識他、了解他。選擇自己的導師時要小心，正如〈哥林多前書15：33〉所警示的，不要被誤導了，近朱者赤，近墨者黑。

一位好導師能夠幫助你確立自己的使命。安東尼奧年輕時就具備了企業家的潛質：他「愛工作……愛思考」，經常「改進觀念」，嘗試新方法，探求「創新途徑」。但只有在師從阿萊西奧之後，他才確定了自己未來的職業。

職業並不是一份工作，而是你的使命。正如安東尼奧對胡里奧說的，「當你投身於自己的職業時，你並不覺得自己是在工作。當一個人發現適合自己的職業時，他就會全身心地、心情舒暢地去工作。」

安東尼奧的父親，菲力浦，發現自己的使命是在教堂盡職，「對於他來說，這才是讓他覺得自己最有活力的地方。當你找到了自己眞正的職業時，你也會這麼想。」

討論

- 你的長輩們把什麼樣的價值觀傳給了你？那些價值觀，你是否在耳濡目染中傳給孩子們，並且會永遠影響他們？
- 貧窮思想包袱被一代接一代地傳承下來。你繼承了這些思想包袱中的哪些？你是怎麼使自己的孩子們相信，這些包袱不再傳給他們？
- 你曾帶自己的孩子到一些大型建築去，並且為他們講述這些是怎樣建成的嗎？
- 你做過房地產投資計畫嗎？你有心願書嗎？你給自己的資產買保險了嗎？
- 影響你的人有哪些？你最想和哪些人出去轉一天？
- 什麼是使命？接受使命的人是誰？你是怎樣知道自己使命的？
- 你喜歡做什麼？你對什麼工作富有激情？你做什麼時感到最有活力？

● 為什麼今天又在工作中遇到這麼多的阻礙，而無法順利完成自己的工作？你是如何給那些不喜歡自己工作的人提出建議？

第6節 節儉、勤奮和神聖的革新

阿萊西奧具有非凡的影響力和不可估量的財富，可安東尼奧卻「頗感意外地發現這位成功商人的生活方式極爲簡樸，儘管他是世界上最富有的商人」，於是，安東尼奧「下定決心向他學習」。

戴夫・拉姆齊提倡：不管你的收入多少，生活方式都要簡樸。阿萊西奧決定自己此生不過奢華生活，此一想法也被拉姆齊在他每日播出的廣播節目中反覆提及。其中一些已成爲至理名言，如「如果你能以有別於他人的生活方式去生活，那麼你的生活方式就是與眾不同的」，以及「有多少錢辦多少事」，拉姆齊警告我們不要「花錢買那些我們並不需要的東西，討好那些我們並不喜歡的人」，阿萊西奧也同樣不去做這樣的事。還有一個好例子就是，拉姆齊勸告我們購買二手車，而不是買新車。他說：「我不反對你們有新車，我反對的是你們被這些新車占有了。爲了買這輛車，花掉了很多積蓄，換來的卻是在十字路口見到的那些我們不會見到的陌生人。這輛車還會讓你破產、讓你回到原本的貧困狀態。」羅伯特．清崎在他的小說《富爸爸，窮爸爸》中也同樣談到了要控制購買那些易貶值財產的重要性。

但是令人意想不到的是，阿萊西奧的決定卻是相當罕見的。在《怪誕：由於未墨守成規》（*WEIRD：Because Narmal Isn't Working*）一書中，作者克雷格．葛洛契爾寫道：「怪誕是一種美德，而當今社會所宣揚的『常規』，卻是一種不合常理的事。從經濟角度來說：常規就是債臺高築、擔驚受怕、緊張不安、心驚膽戰。常規就意謂著破產、信用卡透支。難道眞正意義上的常規，不是花最少的錢嗎？」

《聖經》中有很多地方都提到了簡單樸素生活的重要性。

智慧人家中積蓄寶物膏油；愚昧人隨得來隨吞下。（箴言21：20）

我並不是因缺乏說這話，我無論在什麼景況都可以知足，這是我已經學會了。我知道怎樣處卑賤，也知道怎樣處豐富，或飽足或飢餓，或有餘或缺乏，隨事隨在，我都得了祕訣。（腓立比書4：11—12）

你們存心不可貪愛錢財，要以自己所有的爲足。因爲主曾說：「我總不撇下你，也不丟棄你。」（希伯來書13：5）

又要立志做安靜人，辦自己的事，親手做工，正如我們從前所吩咐你們的，叫你們可以向外人行事端正，自己也就沒有什麼缺乏了。（帖撒羅尼迦前書4：11—12）

你們不要爲自己在地上積蓄財寶，地上有蟲蛀，會鏽蝕，也有盜賊鑽進來偷竊；而要爲自己在天上積蓄財寶：天上既沒有蟲蛀，也不會鏽蝕，也沒有盜賊鑽進來偷竊因爲你的財寶在哪裡，你的心也在那裡。（馬太福音6：19—21）

在一九七四年的世界福音大會上，對簡樸生活方式的宣揚已編成了法典。「至今仍有成百上千萬人在飢餓中生活，這讓我們爲之震驚。同時，我們也對造成這種現象的不公平感到不安。我們這些過著富足生活的人，要負起這個責任，生活要簡樸，這樣我們就能為我們的信仰和福音傳道事業，多貢獻些力量。」

勤儉和堅持是積累財富的兩個關鍵。正如安東尼奧日記中的第一條準則所說，「只要你努力工作，上帝就會祝福你。」〈申命記28：8〉中也講到類似的話，「在你倉房裡，並你手所辦的一切事上，耶和華所命的福必臨到你。」那麼付出會得到回報嗎？羅伯特．清崎會給我們答案：

「只要你眞正努力工作了，你就會生活得更好。」我們隨處都可聽到像這樣一類胡說八道的話。可悲的是，即使我們身邊有大量的事實與這類話語並不相符，可是大多數人還是堅定不移地相信了這類鬼話。只要你看看周圍，就會發現很多人一生都在辛勤地工作，可是直到他們告別人世時，仍沒有過上像樣的生活，他們的生活仍保持在最低水準。

這個世界上的很多人工作都很努力，可是生活得並不好……問題在於努力工作的祕密並不在此：我這樣說並不意謂著積累財富和獲得金錢上的自由，不需要努力工作，當然需要，而且需要大量付出……我的意思是，一味努力地去賺錢，永遠也不會創造財富。

那些爲了提高收入而去努力賺錢的人，因此而付出的工資稅也會越來越多，有些人不再努力工作賺錢了，他們能做的就是如何去花錢，但是，等錢花光了，他們又得去努力工作賺錢。

那麼，一個人是如何積累財富的呢？安東尼奧的故事告訴我們，關鍵在於顛覆性創新。所謂顛覆性創新或技術，就是這種創新能夠創建一種新的市場和價值網路，最終能夠擾亂現有市場和價值網路、替代過時的技術。雖然汽車的發明是一種具有轉換意義的大事，可是早期的汽車是昂貴的奢侈品，並沒有擾亂當時以馬車爲交通工具的市場。直到福特發明了生產線，才讓汽車生產變得快速便捷，價格也變得更平易近人，汽車至此一躍成爲顛覆性的革新。而今，「大大落後於時代的製造商」成了一個流行詞，用來描述那些被顛覆性技術淘汰的商業模式。

安東尼奧便是顛覆性革新的一個最佳例證：他發明了威尼斯貿易珠子，並說服了當時的商業界來使用這種珠子，做爲全球流通貨幣。

請求聖靈賦予你一些具創造性、顛覆性的思想吧，這樣就能在市場上找到需求，並去塡補這種需求。

討論

- 我們從別人所做的事情中學到的，要比從他們所說的學到更多，如果這句話是對的，那麼安東尼奧從阿萊西奧簡樸的生活方式中學到了什麼？
- 重讀拉姆齊在本節開頭所說的那幾條原則，這些話是什麼意思？
- 一些人賺了成百上千萬，又花掉了成百上千萬，最後身無分文，這又是為什麼？
- 你在市場上發現了什麼需求？能通過聖靈的幫助，做一些革新工作來滿足這些需求嗎？

第7節　懶人和死錢

儘管安東尼奧的貿易珠子很快便取得了成功——「不到三年時間，貿易珠子便成了威尼斯的標準貨幣」——可是安東尼奧仍面臨著一些挑戰，正如他對胡里奧所說的那樣，「過去這些年並非一帆風順。」讓你迅速變富也不是上帝的慣常作法。

人們總是希望財富會光顧他們，很多時候，信徒也會有這種想法。他們認爲祈禱可以代替手中的那把犁，儘管上帝在《聖經》中反覆強調，播種和收穫間的關係。秋天的收穫和春天的播種，以及付出的代價，有著直接的關係。

戴夫·拉姆齊教給了我們一個動量原理：財富的增長與事業的動量＝（專心努力

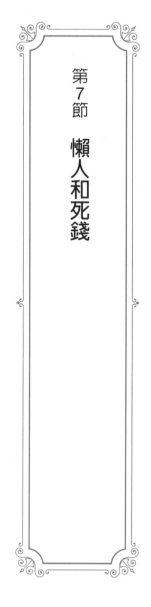

地工作＋時間）×上帝的祝福。如果上述等式右邊的三個因素中的任何一個失去了，那麼財富的增長就不會成指數變化了。

現今，多數人都成了工資的奴隸，努力工作並不能帶來工資的增長。智者告訴我們要去聰明地工作。在〈馬太福音25：14—30〉中，耶穌教給我們什麼是「死錢」。所謂死錢，就是不能生錢的錢，只是存放在那裡。可是那些能爲我們生錢的錢又在哪兒呢？

- 取消你的訂購、你的健身房會員卡，抑或你的通信設備。
- 積極理財，減少滯納金、信貸費、利息和ATM手續費等費用。
- 避免不必要的商品購買和支出，在承擔一些新的義務前要再三思索，例如養一隻寵物。

● 吃光所有的食品雜物。（我們把自己購買的四分之一的食物全扔掉了。）
● 在家吃飯。
● 使用打包服務。
● 盡量購買打折商品、處理商品和低利率金融服務專案。
● 少買幾樣耶誕禮物。
● 不要養成高檔消費習慣和嗜好。

其實上帝的夢想要比我們的夢想大得多，上帝說：「我知道我向你們所懷的意念，是賜平安的意念，不是降災禍的意念，要叫你們末後有指望。」（耶利米書29：11）「神能照著在我們裡面做工的大能，成就那遠超過我們所求所想的一切事。」（以弗所書3：20）但令人感到悲哀的是，我們會根據自己的收入情況不斷降低夢想，而不是根據上帝賦予我們的夢想，去不斷提升自己的收入。

上帝希望我們不要做一個無志之人。可是胸懷大志通常需要雄厚的經濟收入做後盾，但高收入又不是一時半會兒就能實現的。這體現的正是「富爸爸」的思維方式，也是戴夫·拉姆齊的思維方式，那就是要努力工作、堅持不懈、不停祈禱。我們再回想安東尼奧日記中所記載的第二條原則，「經濟上的富有和靈魂的昌盛是息息相關的。」就像阿萊西奧提醒安東尼奧的話，「親愛的，我祈禱上帝護祐你一切順意、身體健康、精神富足。」上帝想讓我們獲得成功，可是只有我們追隨他，這些才能實現。

〈哈巴谷書2：2—3〉鼓勵我們完成此項計畫：將這默示明明地寫在版上，使讀的人容易讀。因爲這默示有一定的日期，快要應驗，並不虛謊。雖然遲延，還要等候，因爲必然臨到、不再遲延。

最後，上帝讓你經歷得越多，對你的期望就越高，認識到這點非常重要。「所以誰被賜予的多，將來向誰索取的也多；託給誰多，將來向誰要求的也更多。」（路加福音12：48）

討論

- 「努力工作」，對你來說意謂著什麼？為了獲取經濟上的自由，你願意付出什麼樣的代價？
- 你如何更聰明地去工作？
- 你是如何讓手中的死錢為你賺錢的？
- 對於你來說，靈魂昌盛意謂著什麼？
- 如果說上帝不看重人們的財富和社會地位，對所有人都一視同仁，那麼祂為什麼對那些富人的期望更高？

● 重新閱讀〈路加福音 12：48〉，「多給誰」可以理解為除了金錢之外的東西嗎？這個詞能用來指時間、才能等東西嗎？如果可以的話，根據上帝所賦予的各種潛質，我們就能判斷出哪些人是窮人嗎？

第8節　逆境與進取

在〈動物園景觀〉（A View from the Zoo）這篇文章中，作者格雷・列治文（Gray Richmond）描述了小長頸鹿的出生：

最先露出的是小長頸鹿的前蹄和頭部，又過了幾分鐘，這個幼崽的身體從母體中擠了出來，從十英尺的高處落下，背部著地。又過了幾秒，小傢伙打了幾個滾兒，向上伸著頭部趴在地上，四條腿蜷縮在身下，牠是第一次看到外面的世界。只見牠用力搖了搖頭，甩掉耳部和眼部殘餘的羊水。

長頸鹿媽媽深深地低了低頭，快速看了牠一眼，然後徑直走向自己的孩子身邊。她在那兒待了幾分鐘，然後做了件不可理喻的事：她抬起長腿踢了自己的孩子幾下，想讓牠爬起來。

看見小長頸鹿還沒有站起來，長頸鹿媽媽又反覆用力地踢了幾下，小長頸鹿試圖站起來，當小長頸鹿累了，長頸鹿媽媽又踢了牠幾下，再次激發了牠的動力。最後，小長頸鹿終於搖搖晃晃地站了起來。這時，長頸鹿媽媽做了一件更令人不可思議的事，她一腳又把自己的孩子踢倒在地。她爲何要這樣做？她是想讓小長頸鹿記住自己如何站起來。在自然界，小長頸鹿必須要學會盡快站起來，才不會被鹿群拋棄。只有置身在鹿群裡才是最安全的。

獅子、鬣狗、獵豹和野外獵犬都喜歡捕獵長頸鹿幼崽，如果長頸鹿媽媽沒有教會幼崽生下來就要學會快速站起，那麼自己的孩子就有可能成爲其他肉食動物口中的美味。

這個故事給我們的啓示是：上帝就像長頸鹿媽媽，祂會讓我們經歷一些磨難、給我們一些打擊，讓我們重新站起來，這樣，才會更堅強。

當安東尼奧眼睜睜看著自己的工廠在火海中化爲灰燼後，阿萊西奧教給他第四條準則，「你所遇到的困難，不僅鍛鍊了你的品格，還爲你承受祝福做準備。」這句箴言來自於〈羅馬書5：3—4〉，「在患難中也是歡歡喜喜的。因爲知道患難生忍耐、忍耐生老練、老練生盼望。」

那麼爲何某些成功人士沒有遇到我們這些人所遇到的困難，某些知名企業只是經歷一些小小的風險呢？這似乎是個謎。

吉姆．柯林斯（Jim Collins）和傑瑞．薄樂斯（Jerry Porras）合著的小說《基業長青》（*Built to last : successful habits of visionary companies*）中寫到了很多歷經考驗的公司：

華德．迪士尼公司在一九三九年面臨一場嚴重的資金周轉危機，迫使該企業上市；隨後，在二十世紀八〇年代，由於股票價格陷入低迷，一些大公司甚至籌畫著搶購，該公司險些被吞並。波音公司在二十世紀三〇年代中期、四〇年代後期及七〇年代初期，三次遭遇非常嚴峻的困境，公司不得不解聘六萬多名員工來應對危機。3M從創辦之初就遭逢不景氣，二十世紀初期險些被擠出市場。惠普公司在一九四五年遇到了業績下滑的困境，一九九〇年時該公司股價一度跌到比帳面價值還低的地步。索尼公司在創業的前五年（一九四五—一九五〇），多次遇到了商品危機，在七〇年代的錄影帶搶占市場的大戰中，該公司的Beta版格式輸給了VHS錄影系統，慘失市場主導地位。在二十世紀八〇年代初，福特公司歷經了美國商業史上最嚴重的虧損（三年連續虧損總計三十三億美元），隨後，該公司開始走向了宏偉的轉虧爲盈的復興之路。花旗銀行始建於一八一二年（同年拿破崙軍隊開赴莫斯科），該公司在十九世紀晚期出現虧損，歷經了二十世紀三〇年代的經濟大蕭條，並在二十世紀八〇年代後期險些破產於全球的信貸投資組合。IBM公司在一九一四年和一九二一年兩度險些破產，並於九〇年代初期再次陷入困境。

有時，我們遇到的一些問題全是自己製造的。阿萊西奧委婉地指出安東尼奧在廠房內安裝了太多熔爐這一錯誤作法。當面臨類似的錯誤時，我們通常不願承擔起自己的那份責任。但是安東尼奧爲我們做出了表率，他認眞地遵守了第五條準則，「要敢於爲自己錯誤的決定所導致的後果承擔責任。不要把責任轉嫁給他人。」

最後，阿萊西奧用第六條準則勉勵安東尼奧，即「不要把挑戰看成絆腳石，而要看成鋪路石」。人在絕望時很容易消沉下去，會把眼前的困難看成是不可逾越的障礙。但阿萊西奧卻幫助安東尼奧看到：火災雖然讓他失去工廠，卻也給他帶來加速擴產的好時機。正如長頸鹿媽媽爲了自己的孩子能夠生存下去，在孩子出生時就要用蹄子踢牠是一樣的，付出的努力越多，迎來的挑戰也就越大。

還有一個故事，是講一個小男孩發現了一個包著毛蟲的蛹。老師曾教過他，這個毛蟲會化成一隻蝴蝶，但只有拚力破蛹而出才能展翅飛翔。小男孩很善良，他取出了自己的鉛筆刀，在蟲蛹上挖了一個洞，想要幫裡面的蝴蝶減輕破蛹的痛苦，讓牠盡早獲得自由。可是，小男孩卻不知道，破蛹而出這個過程，會讓蝴蝶的翅膀變得強壯，這樣他才能在空中飛翔。

很多時候，我們都會像小男孩一樣設法救他人脫離困境，卻沒有理解上帝講的那句話：逆境能磨鍊我們的性格，能讓我們得以生存下去。

當面臨的困境似乎讓你無法承受時，請銘記〈彼得前書5：7〉給我們的建議，「你們要將一切的憂慮卸給神，因爲祂顧念你們。」還有這樣一句話，「你要把你的重擔卸給耶和華，祂必撫養你，祂永不叫義人動搖。」〈詩篇55：22〉只要相信上帝在關心著我們，無論遇什麼樣的麻煩，都會找到很好的解決辦法。總之，「神若幫助我們，誰能抵擋我們呢？」

討論

- 你職業生涯中遇到的最大的阻礙、失敗和最失望之事是什麼？講一講你人生的低谷時期，這期間你精神消沉，自己的理想之路似乎被堵死了。你從你的困難時期學到了哪些教訓？
- 如果目前的職業生涯正面臨窘境，你是焦躁不安，還是感激不盡？如果你正身處困境之中，會認為困難是暫時的，風雨過後是彩虹嗎？

- 如果一位朋友對你提起安東尼奧對阿萊西奧說過的那句話，「很顯然，上帝已把我的生意之門給關上了，不然，祂為何要把我的工廠給燒掉？」你會怎麼回答他？
- 如果一個人拒絕了一次升職機會，是因為新職位具有太多的挑戰性，你該怎樣對他說？
- 你曾見到過一些信徒轉嫁責任嗎？由於他們的錯誤決定導致自己面臨困境時，他們會因此而謾罵撒旦。如果逆境意謂著罪惡，我們又是怎樣知道的呢？
- 當今人們的責任意識為何如此淡薄？把每個人在職場上為自己錯失所說的道歉話語記錄下來。
- 遇到麻煩時，你是獨自一人承擔，還是讓上帝幫你承擔？

第9節 勇戰商海：迎難而上，不畏恐嚇

雖然老廠房被大火燒燬了，安東尼奧卻沒有被擊垮，很快便建造了新廠房，恢復自己的產業。正當他的生意峰迴路轉之時，安東尼奧要前去與阿哈默德——一位令人聞風喪膽的商業大海盜見面。

「懼怕」意謂著什麼？

1、虛假的資訊聽起來很眞實；

2、為此尋找根據和理由；

3、發現事與願違並接受現實；

4、忘掉這一切，繼續前進。

心懷恐懼只是暫時的，但若留下遺憾卻是永遠的。因此要敢於大膽行動，戰勝恐懼。《聖經》中做記錄的那個最凶惡的惡棍名叫哥利亞，他身材巨大、人見人怕。連續四十天，哥利亞招搖過市，到處口吐狂言，恐嚇希伯來人。據〈撒母耳記上17：23—24〉記載，「與他們說話的時候，那討戰的，就是屬迦特人的哥利亞，從非利士隊中出來，說從前所說的話，大衛都聽見了，以色列眾人看見那人，極其害怕就逃跑。」

大衛起初也逃跑了，但最終他還是返回來勇敢面對這個巨人。在大衛的身上是什麼發生了變化？是他以眞理戰勝了恐懼。

阿哈默德，這個商業海盜，在傳說中是個殘忍無比之徒。可是安東尼奧卻發現，現實中的阿哈默德「不但一點兒也不凶，而且還很精明、很健談」。如果安東尼奧當初沒有勇氣去面對自己的困難，將永遠無法解開有關阿哈默德眞相之謎。

《聖經》中寫得很清楚，膽小怕事可不是上帝的作風。〈提摩太后書1：7〉中寫得很清楚，「因爲神賜給我們，不是膽怯的心，乃是剛強、仁愛、謹守的心。」在希臘語中「謹守的心」的意思是「可控制的、善於思考的思維」。因此，恐懼不是產生於上帝，恐懼是敵人所造成的一種精神壓力。上帝賦予我們的是可控制的、善於思考的思維，祂希望我們「所有的心意都順服基督」（哥多林後書10：5），我們要無所恐懼。耶穌也親自告訴我們「不要爲你們的生活而憂慮」（馬太福音6：25）。

安東尼奧把自己與阿哈默德見面的焦慮告訴了阿萊西奧，阿萊西奧告訴他第七條準則，「在上帝面前要溫柔，在其他人面前要勇敢。」溫柔不意謂著膽小怕事。

據〈馬太福音5：5〉記載，上帝對溫柔之人懷有特殊的感情，「溫柔的人有福了，他們必承受地土。」若《聖經》將溫柔與兩個人緊密聯繫在一起，他們便是摩西和耶穌，可這兩個人卻不乏勇敢。

〈民數記12：3〉寫道，「摩西爲人極其謙和，勝過世上的眾人。」然而，爲了保護一名奴隸，摩西卻義無反顧地去搏鬥。後來，摩西揭竿而起，公然向當時最有權的法老提出反抗。

〈馬太福音11：29〉告訴我們，「耶穌性格謙和、心地善良。」然而，耶穌也會走進寺廟，把貨幣兌換商的桌子翻個底兒朝天，把這些貨幣兌換商嚇得四處逃竄。還有很多次，耶穌猛烈抨擊了那些猶太教統治者及那些僞善的法利賽人。

摩西和耶穌爲了實現各自的目標，都展示出他們積極的進取心。在商業界，積極的進取心就是實現某一目標的強烈願望，他們所提供的服務要超過同業中的其他競爭者。全球最大的資訊管理軟體及服務供應商——甲骨文公司的前總裁查爾斯・菲力浦斯（Charles E. Phillips Jr.），是這樣評價進取心這種品質的，「積極進取不是一件壞事，那些在本行業不是很積極進取的公司，最後都會面臨被那些銳意進取的公司吞併的命運。」按照菲力浦斯的觀點，進取心就是應該激勵人們把工作做好、驅使人們贏得客戶的信任、解決工作中出現的問題：

我喜歡競爭，我喜愛和別人比賽，我酷愛取得勝利的感覺。這就是我用來激勵人們時發出的肺腑之言。把你周圍的同事團結起來，齊心協力地去共同對外，而不是起內訌……這就是甲骨文公司的企業精神，我可不想在一家毫無生氣、毫無進取的公司內工作。

上帝希望祂那些身處商海中的信仰者們都是精明之人。「精明」意謂著「要有正確的判斷力、要有實用智慧、要善於思辨」。「精明」的同義詞有：敏銳，靈敏，敏捷，有洞察力，狡猾，狡詐，愛算計，足智多謀，狡黠和機靈。

主人就誇獎這不義的管家做事聰明；因爲今世之子，在世事之上，較比光明之子更加聰明。我又告訴你們，要藉著那不義的錢財結交朋友，到了錢財無用的時候，他們可以接你們到永存的帳幕裡去。（路加福音16：8—9）

我差你們去，如同羊進入狼群，所以你們要靈巧像蛇、馴良像鴿子。（馬太福音10：16）

我們要有愛心、要溫柔。我們之所以要溫柔，是因爲你及你所有的一切都是上帝的恩典。但是，我們在日常生活中、在生意場上，還是要「靈巧像蛇」。爲了能夠在商場激流勇進，我們要祈求上帝賜予我們智慧、洞察力，還有良策。

討論

- 人們通常在什麼情況下會感到恐懼，這種恐懼會使他們的事業陷入困境？如果一個人在工作中缺乏衝勁、沒有進取心，會發生什麼？
- 如果你準備面對事業中的一次挑戰，你會收穫什麼？在迎接這次挑戰時，最令你恐懼的是什麼？如果你未能應付這次困難，那麼最壞的結果是什麼？如果最壞的事情發生了，你又該怎麼做？為了降低上述這種可能性的發生，你還能做些什麼？
- 以下幾種描述工作上的進取心的說法，哪種最適合你？

1、**展望者**——積極探尋擴展新市場的機會，並主動創造機會。

2、**守衛者**——維持一種安全且相對穩定的環境。

3、**分析者**——密切關注行業的發展動向，但在確保萬無一失之前，絕不輕易行動。

4、**反應者**——只有在問題發生時，才做出反應，並不是提前採取積極的措施。

● 當有人認為基督教培養的是一些懦弱的、膽小怕事的、無影響力且已被擊敗之人時，你是如何給予反駁的？

● 為什麼那些傳教士告訴阿萊西奧，在生意上積極進取是錯誤的？

● 基督徒在生意上應該積極進取嗎？為什麼？我們遇到的限制和桎梏是什麼？做為信徒的我們，在生意場上應該發揚積極進取的精神嗎？

第10節 預算、借款和貸款

阿萊西奧教給了安東尼奧幾條妥善理財的原則。

準則八，「過日子不要負債，要量入為出。」這條準則源自〈羅馬書13：8〉中的一句話，「凡事都不可虧欠人。」不可思議的是，當今社會卻已經開始接受借錢欠債這樣的事情了。我們對富比世全美前四百大富豪進行調查，當問及「積累財富的關鍵是什麼?」，百分之七十五的人認為是過著沒有負債的生活。然而，百分之六十的美國人，每個月都過著入不敷出的生活。戴夫．拉姆齊觀察到，「自二十世紀六〇年代以來，負債來得如此猛烈，我們的負債形式已變得五花八門，設想若是不再讓自己負債，那麼我們的生活就要發生根本性的變化。」

有很多美國人在使用汽車這件事情上，常常不能遵守上述第八條準則。儘管租車看似是個不錯的選擇，可這種用車方式的花費卻最高。最省錢的使用汽車方式，就是用現金一次付清全部車款。

第九條準則是過上沒有負債生活的關鍵，「要按照預算去花錢。」金錢從不會理財之人口袋往會理財之人的口袋流動。你若是沒有學會如何理財，財就不會理你。會理財的人走得更遠。你若按照計畫去花錢、工作和賺錢，那麼就不會去花一些無用之錢、去花冤枉錢，你的超支現象也就能得到控制。

制定一個積累財富的計畫，並且嚴格遵守此一計畫。第十條準則，「友誼會因金錢而受到影響。」來自於《聖經》中的幾條名句：

為外人做保的，必受虧損。（箴言11：15）

在鄰舍面前擊掌做保，乃是無知的人。（箴言17：18）

不要與人擊掌，不要爲欠債的作保；你若沒有什麼償還，何必使人奪去你睡臥的床呢？（箴言22：26—27）

不要輕易許諾他人，不要爲別人的負債去擔保，如果你沒有錢去償還，你砸鍋賣鐵也要去償還。當向你借錢的那個人不能還錢時，你們的關係就會變得緊張。如果你被感動了，想要給予他們經濟上的幫助，那就把錢送給他們，而不是借給他們。（在第十二節我們將談到慈善捐助的重要性。）

在《撫平心靈創傷：如何在沒有傷害到窮人和你本人的情況下減輕貧窮》（*When Helping Hurts: How to Alleviate Poverty Without Hurting the Poor and Yourself*）一書中，作者史蒂夫·科爾韋特和布萊恩·菲格特寫到：

包括我們兩人在內的許多觀察者都認爲，北美洲的基督徒們爲了減輕貧窮，確實做了一些努力，可是他們使用的方法，卻對那些物質上的窮人和物質上的非窮人，造成了很大程度的傷害。我們關心的是，這些方法不但是對人力、精神、財力和組織資源的浪費，而且使他們在試圖改變這些根本問題時，變得更加困難了。

基督徒們幫助的是那些不能自助的人，而沒有把這些人變成自食其力的人。

討論

- 為什麼過上一種無負債的生活是如此之難？
- 你對自己的現金流轉做過分析，並得出自己每個月能有多少剩餘的錢，或者每個月有多少虧空嗎？如果現金流轉出現負數，你是如何去挽救這一情況的？

- 你對自己在買衣服、食品等方面的開支，制訂過上限嗎？換句話說，你為自己每個月在不同生活方面的開支，做過預算嗎？這個預算包括去餐館吃飯、外出娛樂和喝咖啡等項目嗎？
- 你有儲蓄計畫嗎？為自己制訂如何積累退休基金的策略了嗎？
- 給予他人錢就是幫助他，或是傷害他，或是讓他能夠富起來，你對此事持何種態度？

第11節　人生導師與合作夥伴

多年來，阿萊西奧都是安東尼奧的良師益友，安東尼奧也因此受益匪淺，成了商業界首屈一指的佼佼者。

在第五節，我們曾簡單談及導師的重要性。〈箴言11：14〉也強調向他人學習的重要性，「無智謀，民就敗落；謀士多，人便安居。」〈箴言13：20〉還重申了一句話，「與智慧人同行的，必得智慧；和愚昧人做伴的，必受虧損。」

在導師指導學生的過程中，所要傳習的目標一定要明確。在《像耶穌那樣指導學生》（*Mentor Like Jesus*）一書中，雷吉．坎貝爾寫道：

> 指導學生，不是讓學生開始了解某事，那是教育的任務。指導學生，也不是讓學生學會做某事，那是培訓的任務。
>
> 指導學生，就是向學生展示如何去做人、做事。

在選擇導師時，重點在於他做爲家庭的一員時，是否具備以下品質：誠實，心胸開闊且坦誠，有責任感，在你所關心的生活領域富有成就。導師應該性格隨和，不但能示教於你，還能虛心向你學習。導師應該能夠就你的一些生活瑣事與你促膝長談，而這些瑣事和他本人毫無瓜葛。一位好導師相信你能夠成功，並幫你制訂人生夢想、幫你策畫完成該夢想所應付出的努力。如果你覺得以上所列的條件太多，那麼你只可記住，「你眞正要找的導師就是關心你、相信你，並且鼓勵你的那個人。」

聖靈啓示了所有的眞理（約翰福音16：13）。你應該信任自己的導師，但又不能盲目地追隨他（她）。用《聖經》來驗證導師給予你的那些建議，如果遇到了麻煩，要大膽地提出你的質疑。

我們通常認為教導別人是一種單向的、從上往下的等級關係。但是安東尼奧向阿萊西奧請教的過程中，這兩個人確實是一種平等的、彼此合作的關係。上帝是和我們有關係的，祂是想接近我們的。讓我們試著回想，上帝是如何在伊甸園尋找亞當和夏娃的，「上帝呼喊著亞當的名字說：『你在哪裡？』」（創世紀3：9）。因為躲藏起來的人是亞當和夏娃，不是上帝。「亞當和他的妻子躲在伊甸園的樹林中，不出來見上帝。」

在〈創世紀1：26〉中，有一段經文介紹我們人類，是根據上帝的形象創造的。我們有祂的特性，正是因為上帝的關係，我們彼此間才有了關係。上帝渴望和我們同工。他本可以親力親為把紅海分離出去，可是他卻對摩西說：「你舉手向海伸杖，把水分開，以色列人要下海中走乾地。」（出埃及記14：16）在人類的地球上，上帝選擇與我們同工。

他也希望我們在工作時能彼此合作，正如第十二條準則所說的那樣，「要懂得合作的力量。」

我們再看看《聖經》中是如何描述爲了實現上帝的目的而合作勞動的。

我們是與神同工的。（哥林多前書3：9）

俗語說：「那人撒種，這人收割。」（約翰福音4：37）

身子原不是一個肢體，乃是許多肢體。設若腳說：「我不是手，所以不屬乎身子。」它不能因此就不屬乎身子。但如今肢體是多的，身子卻是一個。（哥多林前書12：14—15，20）

爲了圓滿完成一項任務，我們需要彼此協作。我們共同合作完成的事，要遠多於獨立完成的事。

討論

- 在你的生活中，你有自己的導師嗎？如果有，他們是誰？
- 你是如何決定選擇那個人做自己導師的？
- 我們所有人都需要導師，我們所有人也被邀請做他人的導師。《聖經》稱此為**被他人指導**和**被邀指導他人**。你選擇了誰做為你指導的學生？
- 誰和你合作共同致力於神國的擴大？
- 你和上帝合作的動力是什麼？

第12節　甘於奉獻的生活，才是有價值的生活

安東尼奧日記中的第十一條準則，「要把十分之一的收入先拿出來奉獻給上帝。」開門見山指出了什一奉獻的重要性。什一奉獻就是把你收入的十分之一奉獻給餵養你屬靈生命的地方。〈瑪拉基書3：8—10〉向我們闡釋了上帝是非常看重什一奉獻的。

人豈可奪取神之物呢？你們竟奪取我的供物。

你們卻說：「我們在何事上奪取你的供物呢？」

就是你們在當納的十分之一和當獻的供物上。因你們通國的人都奪取我的供物，咒詛就臨到你們身上。萬軍之耶和華說：「你們要將當納的十分之一全然送入倉庫，使我家有糧，以此試試我是否爲你們敞開天上的窗戶，傾福與你們，甚至無處可容。」

捐獻是你在什一奉獻之外獻給上帝的。你的什一奉獻和你的捐獻，都是上帝所希望的。

得到祝福的人也會把祝福送給他人。我們得到了上帝的祝福，因此我們也要把我們美好的祝福送給其他人。做爲管家，也就是上帝財富的看守者，我們就像是一根根管道，流經其中的是金錢、時間，還有智慧。

在《聖經》中，我們隨處可見上帝如何用心去拯救那些被傷害者，和那些需要幫助的人。正如〈以弗所書5：1〉所說的那樣，我們「該效法神，好像蒙慈愛的兒女一樣」。做爲效法者，我們也要有一顆和上帝一樣甘於奉獻的心靈，美國世界展望會的現任會長理查．斯特恩斯，在他的著作《THE HOLE 堵塞福音的缺口——走出信仰安樂窩，用行動宣明耶穌的眞愛》（*The Hole in Our Gospel*）一書中，寫到世界展望會的創建者鮑勃．皮爾斯時說：

「見到那些傷害上帝的事發生時，我的心也爲之破碎。」

我們再看看下面幾條經文，這些經文談及了不要吝財，讓我們把自己的財富分享給他人。

> 豁免的定例乃是這樣：凡債主要把所借給鄰舍的豁免了，不可向鄰舍和弟兄追討，因爲耶和華的豁免年已經宣告了。（申命記15：2）

你們當爲貧寒的人和孤兒伸冤，當爲困苦和窮乏的人施行公義。當保護貧寒和窮乏的人，救他們脫離惡人的手。（詩篇82：3—4）

王要向那右邊的說：「你們這蒙我父賜福的，可來承受那創世以來爲你們所預備的國。因爲我餓了，你們給我吃；渴了，你們給我喝；我做客旅，你們留我住；我赤身露體，你們給我穿；我病了，你們看顧我；我在監裡，你們來看我。」

義人就回答說：「主啊，我們什麼時候見你餓了，給你吃；渴了，給你喝？什麼時候見你做客旅，留你住；或是赤身露體，給你穿？又什麼時候見你病了，或是在監裡，來看你呢？」王要回答說：「我實在告訴你們：這些事你們既做在我這弟兄中一個最小的身上，就是做在我身上了。」（馬太福音25：34—40）

我們不要忘了以任何一種方式，祝福那些給予我們說明的人。殉難神父吉姆・艾略特❶認識到了這一點，說過這樣一句名言，「用不能保存的東西去換取永遠不會失去的東西的人，一點也不愚蠢。」我們爲了保住自己的財富，通常要冒很大的危險。偉大的預言家以西結（Ezekiel）❷寫道：罪惡之城——所多瑪的罪惡之源，就是財富滋生了傲慢，從而缺乏對窮人的關心，並不是我們通常所認爲的那樣——因爲這些人荒淫無度才導致了徹底滅亡。「所多瑪的罪孽是這樣：她和她的眾女都心驕氣傲、糧食飽足、大享安逸，並沒有扶助困苦和窮乏人的手。」（以西結書16：49）

討論

● 你按時繳納什一奉獻嗎？如果沒有，是什麼讓你不去這樣做？

● 回顧〈約翰福音15：12—13〉中的這句話，「你們要彼此相愛，像我愛你們一樣，這就是我的命令。人為朋友捨命，人的愛心沒有比這個大的。」耶穌在世期間，他為了和他生活在一起的人獻出了自己的生命，把他的金錢、時間和才能都奉獻出來。正是因為上帝愛我們，耶穌才義無反顧地為了我們而犧牲自己的肉體。你又是如何回應耶穌對我們的要求，相互關愛，為他人奉獻自己的金錢、時間和才能的呢？

● 〈馬太福音25：34－40〉談到了要幫助那些飢餓者、窮人、外國人、身患疾病的人和身處牢獄之苦的人。你曾想過和這些人一起工作嗎？為了實現上帝幫助那些需要幫助的人之願望，如今你又有了哪些細小的行動？

譯註：

❶吉姆．艾略特（Jim Elliot，一九二七－一九五六）福音派基督徒，在參加試圖向厄瓜多的瓦歐達尼族傳福音的奧卡行動（Operation Auca）時被殺害的五名傳教士之一。

❷是《聖經》記載的一位祭司，以西結是布西的兒子，出身在祭司家庭，是撒督的後裔，承襲亞倫之子以利亞撒的脈絡，屬祭司中的貴族。他在前六世紀，被擄到巴比倫期間，看見異象。基督教將以西結當作聖徒和先知。猶太教認為以西結書是經典的一部分，認為以西結是第三位大先知。

衆生系列　JP0129
修道士與商人的傳奇故事：經商中的每件事都是神聖之事
The legend of the monk and the merchant: twelve keys to successful living

作　　者／特里・費爾伯（Terry Felber）
譯　　者／王瑞生
特約編輯／林俶萍
協力編輯／李　玲
業　　務／顏宏紋

總 編 輯／張嘉芳
出　　版／橡樹林文化
城邦文化事業股份有限公司
104 台北市民生東路二段 141 號 5 樓
電話：(02)2500-7696　傳眞：(02)2500-1951
發　　行／英屬蓋曼群島商家庭傳媒股份有限公司城邦分公司
104 台北市中山區民生東路二段 141 號 2 樓
客服服務專線：(02)25007718；25001991
24 小時傳眞專線：(02)25001990；25001991
服務時間：週一至週五上午 09:30 ～ 12:00；下午 13:30 ～ 17:00
劃撥帳號：19863813　戶名：書虫股份有限公司
讀者服務信箱：service@readingclub.com.tw
香港發行所／城邦（香港）出版集團有限公司
香港灣仔駱克道 193 號東超商業中心 1 樓
電話：(852)25086231　傳眞：(852)25789337
Email: hkcite@biznetvigator.com
馬新發行所／城邦（馬新）出版集團【Cité (M) Sdn.Bhd. (458372 U)】
41, Jalan Radin Anum, Bandar Baru Sri Petaling,
57000 Kuala Lumpur, Malaysia.
電話：(603) 90578822　傳眞：(603) 90576622
Email：cite@cite.com.my

封面設計／周家瑤
內文排版／歐陽碧智
印　　刷／韋懋實業有限公司

初版一刷／ 2017 年 7 月
ISBN ／ 978-986-5613-50-1
定價／ 320 元
城邦讀書花園
www.cite.com.tw
版權所有・翻印必究（Printed in Taiwan）
缺頁或破損請寄回更換

國家圖書館出版品預行編目（CIP）資料

修道士與商人的傳奇故事：經商中的每件事都是神聖之事 / 特里・費爾伯（Terry Felber）著；王瑞生譯. -- 初版. -- 臺北市：橡樹林文化，城邦文化出版：家庭傳媒城邦分公司發行，2017.07
面；　公分. --（衆生系列；JP0129）
譯自：The legend of the monk and the merchant
ISBN 978-986-5613-50-1（平裝）

1. 基督徒　2. 成功法

244.9　　106010056

廣　告　回　函
北區郵政管理局登記證
北 台 字 第 10158 號

郵資已付　免貼郵票

104 台北市中山區民生東路二段 141 號 5 樓

城邦文化事業股份有限公司

橡樹林出版事業部　收

請沿虛線剪下對折裝訂寄回，謝謝！

|橡|樹|林|

書名：修道士與商人的傳奇故事：經商中的每件事都是神聖之事

書號：JP0129

橡樹林文化

讀者回函卡

感謝您對橡樹林出版社之支持，請將您的建議提供給我們參考與改進；請別忘了給我們一些鼓勵，我們會更加努力，出版好書與您結緣。

姓名：＿＿＿＿＿＿＿＿ □女 □男 生日：西元＿＿＿＿＿年

Email：＿＿＿＿＿＿＿＿＿＿＿＿＿＿＿＿＿＿＿＿

●您從何處知道此書？

□書店 □書訊 □書評 □報紙 □廣播 □網路 □廣告 DM

□親友介紹 □橡樹林電子報 □其他＿＿＿＿＿＿＿＿

●您以何種方式購買本書？

□誠品書店 □誠品網路書店 □金石堂書店 □金石堂網路書店

□博客來網路書店 □其他＿＿＿＿＿＿＿＿

●您希望我們未來出版哪一種主題的書？（可複選）

□佛法生活應用 □教理 □實修法門介紹 □大師開示 □大師傳記

□佛教圖解百科 □其他＿＿＿＿＿＿＿＿

●您對本書的建議：

＿＿＿＿＿＿＿＿＿＿＿＿＿＿＿＿＿＿＿＿＿＿＿＿

＿＿＿＿＿＿＿＿＿＿＿＿＿＿＿＿＿＿＿＿＿＿＿＿

＿＿＿＿＿＿＿＿＿＿＿＿＿＿＿＿＿＿＿＿＿＿＿＿

非常感謝您提供基本資料，基於行銷及客戶管理或其他合於營業登記項目或章程所定業務需要之目的，家庭傳媒集團（即英屬蓋曼群商家庭傳媒股分有限公司城邦分公司、城邦文化事業股分有限公司、書虫股分有限公司、墨刻出版股分有限公司、城邦原創股分有限公司）於本集團之營運期間及地區內，將不定期以 MAIL 訊息發送方式，利用您的個人資料於提供讀者產品相關之消費與活動訊息，如您有依照個資法第三條或其他需服務之務，得致電本公司客服。

我已經完全了解左述內容，並同意本人資料依上述範圍內使用。

＿＿＿＿＿＿＿＿＿＿＿＿（簽名）